Katja Reide

Tom in der Tinte

Mit Zeichnungen von Silke Brix

Hase und Igel®

Für Lehrkräfte gibt es zu diesem Buch
ausführliches Begleitmaterial beim Hase und Igel Verlag.

Dieses Buch erschien erstmals 2001
im OMNIBUS Verlag/C. Bertelsmann Jugendbuch Verlag, München
in der Verlagsgruppe Random House GmbH.
Für diese Schulausgabe wurde es
gemeinsam mit der Autorin überarbeitet.

www.hase-und-igel.de
Lektorat: Sandra Hummel-Kuhn
Druck: CPI – Ebner & Spiegel, Ulm

ISBN 978-3-86760-130-6
1. Auflage 2011

Inhalt

1. Mama mischt sich ein

„Mittagessen!“, ruft Mama. „Nun komm schon, Tom, sonst wird alles kalt.“

Ich schlurfe in die Küche. Eigentlich habe ich gar keinen Hunger. Ich habe nämlich auf dem Nachhauseweg schon eine halbe Tüte Gummibärchen gegessen. Aber das muss Mama ja nicht unbedingt wissen.

„Was gibt's denn?“, frage ich und linse in die Töpfe.

„Nudeln mit Tomatensoße“, sagt Mama.

Ich seufze. Eigentlich kocht Mama jeden Tag Tomatensoße oder Sahnesoße. Nur was es so dazu gibt, ändert sich. Mama ist keine besonders gute Köchin. Das sagt sie sogar selber.

Sie behauptet immer, dafür könne sie andere Sachen. Jonglieren zum Beispiel, Geburtstage organisieren oder Lampen aufhängen. Nur, dass so was wie Lampen aufhängen natürlich nicht so oft vorkommt. Aber was Mama sich zurechtbrutzelt, muss ich jeden Tag essen.

Papa, der kann echt gut kochen. Aber der ist ja den ganzen Tag im Büro und beglückt uns nur am Wochenende mit seinem tollen Nudelauflauf, mit Hackbällchen oder Curry-Huhn oder Apfelstrudel oder …

Ach, ich darf gar nicht daran denken! Dann bringe ich Mamas Nudeln überhaupt nicht mehr runter …

Manchmal beschwere ich mich bei meinem Freund Jonas über Mamas ewige Einheitssoßen. Aber Jonas versteht mein Gemecker nicht. „Deine Mutter kocht doch super!“, sagt er immer und verdrückt Berge von Nudeln mit Tomatensoße.

Aber Jonas muss die Tomatensoße auch nur einmal in der Woche essen. Montags, wenn er mittags gleich mit zu uns kommt. An den anderen Tagen geht Jonas direkt nach der Schule in den Hort. Jonas' Eltern haben nämlich ein großes Elektrogeschäft. Da wursteln sie den ganzen Tag herum und kommen erst abends nach Hause. Das Essen im Hort schmeckt so grauslich, dass sich Jonas auf dem Heimweg meistens eine dicke Portion Pommes rot-weiß genehmigt. Jonas sagt, er wird bald selbst „zur Pommes“.

Mama häuft mir die Nudeln auf den Teller und gibt mir einen Klecks Soße drauf.

„Guten Appetit“, sagt sie und prostet mir mit ihrem Wasserglas zu. So, als wären wir in einem Edelrestaurant und nicht in unserer zwergigen Küche in unserem zwergigen Reihenhaus. Mama achtet nämlich immer sehr auf gutes Benehmen und auf Tischmanieren. Papa und ich, wir machen uns da manchmal drüber lustig. Aber jetzt ist Papa ja nicht da. Schade!

Langsam drehe ich die Spaghetti um die Gabel. Aber die glitschigen Dinger rutschen immer wieder runter. Ob ich Mama bitte, mir die Nudeln zu zerschneiden? Nee, lieber nicht. Dann hält sie mir wieder einen Vortrag darüber, dass ich kein Kleinkind mehr bin und das mit den Spaghetti mal endlich auf die Reihe kriegen müsste. Stimmt ja auch irgendwie …

Mama hat keine Probleme mit den Nudeln. Sie kann beim Aufwickeln sogar noch sprechen.

„Nächste Woche hast du ja Geburtstag, Tom“, sagt sie zu mir. „Wen willst du denn einladen?“

Ich lasse meine Gabel sinken. Komische Frage, Mama kennt doch meine Freunde. Da wären erst mal Sven und Moritz. Die lade ich jedes Jahr ein. Wir kennen uns schon seit zehneinhalb Jahren. Echt, das stimmt, obwohl ich nächste Woche erst meinen zehnten Geburtstag feiere. Unsere Mütter haben sich nämlich im Schwangerschaftskurs kennengelernt. Und so konnten wir schon vor unserer Geburt Freundschaft schließen. So von Bauch zu Bauch quasi.

Und dann lade ich natürlich Lea und Jenny ein. Mit den beiden habe ich früher im Kindergarten immer gespielt. Obwohl sie fast zwei Jahre jünger sind als ich. Lea hatte eine dieser komischen Babypuppen, die man füttern und wickeln kann und die dann tatsächlich was Feuchtes in der Windel haben. Ich weiß auch nicht, wie die das technisch machen. Die von diesen Babypuppenfirmen, meine ich.

Jedenfalls waren Lea, Jenny und ich im Kindergarten immer stundenlang mit Babyfüttern und Wickeln beschäftigt. Meistens war es eine tierische Schweinerei und deswegen superlustig.

Aber vorletztes Jahr, da hat Lea doch tatsächlich ihre Puppe mit zu meinem Geburtstag gebracht. Und das war natürlich ultrapeinlich. Zumal sie Malte und Paolo aus meiner Klasse prompt erzählt hat, wie super ich ihre Puppe früher immer gefüttert habe ... Also, so was darf sich nicht wiederholen! Denn natürlich lade ich zu meinem Geburtstag auch meine Kumpels aus der Schule ein. Da muss meine Babypuppenvergangenheit unter Verschluss bleiben. Absolut *topsecret*!

Ich zähle die Schulfreunde, die ich einladen will, für Mama noch mal auf: „Also Jonas kommt natürlich, Paolo, Jens und Malte, denke ich, und Alina vielleicht ..."

„Tom", unterbricht mich Mama plötzlich und nimmt sich noch mal von den Nudeln. „Du, Tom, ich habe eine Bitte. Ich möchte, dass du in diesem Jahr auch Dieter einlädst."

„Dieter????" Mir fallen fast die Nudeln aus dem Gesicht. „Mensch, Mama, Dieter ist doch total doof. Keiner lädt den ein. Weder zum Geburtstag noch zu sonst irgendwas!"

Mama hört auf zu essen und schaut mich durchdringend an. Wenn sie diesen Blick auflegt, wird's ernst. Ich kenne das schon.

„Tom, ich habe letzte Woche Dieters Mutter in der Stadt getroffen. Sie ist sehr traurig darüber, dass Dieter in der Klasse kaum Freunde hat. Ich selber habe mich

zwar nur ein- oder zweimal mit dem Jungen unterhalten. Aber ich hatte den Eindruck, dass er wirklich ganz nett ist. Nur eben … na ja … ein bisschen anders als ihr. Ich glaube, ihr macht Dieter das Leben ziemlich schwer."

„Der macht sich das Leben selber schwer", sage ich und stehe auf. Der Appetit ist mir vergangen. Mensch, meint Mama das etwa wirklich ernst? Ich soll Dieter einladen? Den Streber, den Klassenödling …?! Das ist ja wohl ein Witz, oder?

Aber lachen kann ich nicht darüber. Ich weiß nämlich, dass Mama sich eine solche Sache nicht plötzlich aus den Fingern saugt. Sondern dass das schon eine Weile in ihrem Kopf rumgeistert, bevor es mir dann als „tolle Idee" vorgesetzt wird.

Ich kenne Mama. Sie wird nicht so schnell von ihrer Idee abzubringen sein. Ich muss sie überzeugen. Und das wird anstrengend.

Ich schiebe meinen Nudelteller weg und versuche meine Mutter genauso durchdringend anzuschauen, wie sie das immer bei mir macht, wenn sie mir was erklären will.

„Mama, ich kann den Dieter nicht einladen. Der verdirbt mir die ganze Party. Der weiß doch gar nicht richtig, was Spaß ist. Ständig läuft er mit einer Trauermiene durch die Gegend, auch wenn's was zu lachen gibt – so wie letzte Woche. Das habe ich dir doch erzählt …"

Mama schüttelt den Kopf. „Ich kann mich nicht erinnern. Was war denn?"

Plötzlich fällt mir wieder ein, wieso ich Mama die Geschichte von letzter Woche nicht erzählt habe. Ich hab wohl schon geahnt, dass sie das Ganze nicht so lustig finden würde wie ich. Mama reagiert manchmal so komisch. Aber jetzt komme ich nicht mehr raus aus der Nummer. Ich erzähle also: „Letzten Mittwoch, da sollte Malte in der großen Pause die Matheaufgaben für die nächste Stunde an die Tafel schreiben. Damit wir im Unterricht keine Zeit damit verlieren. Und weißt du, was der Malte gemacht hat?"

Mama schüttelt wieder den Kopf und schaut mich erwartungsvoll an. „Was denn?"

Bei der Erinnerung muss ich sofort wieder anfangen zu kichern. Es ist echt zu komisch gewesen.

„Also, Malte hat zwar angefangen mit den Aufgaben. Aber irgendwann hat er keine Lust mehr gehabt und stattdessen innen an die Tafel lauter fiese, fette Ratten gemalt. Malte kann nämlich toll Ratten malen.

So mit langen, haarigen Schwänzen und kleinen rosa Ohren. Mensch, Mama, du hättest mal Spinnes Gesicht sehen sollen, als der die Tafel dann aufgeklappt hat …!“ Jetzt pruste ich richtig los.

Spinne, das ist unser Mathelehrer. In Wirklichkeit heißt er Walter Spintig. Aber er hat so dünne Arme und Beine, dass er von allen nur Spinne genannt wird.

„Spinne hat einen knallroten Kopf gekriegt. Der wusste gar nicht mehr, was er machen sollte. Weil wir alle gewiehert haben vor Lachen. Nur Dieter, der hat mal wieder als einziger keine Miene verzogen. Ich glaube, der war tatsächlich sauer, dass Spinne nun nicht genug Zeit hatte für alle Matheaufgaben. – Verstehst du so was?"

Ich sehe Mama entrüstet an. „Der spinnt doch, der Dieter!"

„Das finde ich nicht." Mama schüttelt den Kopf. „Schau mal, Dieter merkt doch, dass ihr ihn alle nicht leiden könnt. Deswegen kann er nicht einfach so unbefangen losprusten wie ihr. Und außerdem ..."

Mama runzelt die Stirn. Plötzlich scheint ihr etwas einzufallen. Ich kann förmlich sehen, wie sie eins und eins zusammenzählt. „Steckt da nicht vielleicht noch mehr dahinter, Tom?"

„Was denn?" Ich mache ein unschuldiges Gesicht und beuge den Kopf noch etwas tiefer über meine Nudeln. Dabei spüre ich, wie mir die Röte ins Gesicht schießt. Ich ahne schon, was jetzt kommt. Mama hat ein zu gutes Gedächtnis. Die merkt sich einfach alles, was man ihr mal erzählt hat. Eigentlich finde ich das ja gut. Jonas sagt immer, wenn er zu Hause was erzählt, murmeln seine Eltern nur in mehr oder minder regelmäßigen Abständen: „Ja." – „Hmm." – „Verstehe." – „Ach so." Aber dabei schauen sie meistens durch ihn durch oder sie blättern in der Zeitung oder sie starren in die Glotze. Jedenfalls kann er ihnen die gleiche Geschichte am nächsten Tag noch mal vorsetzen und sie merken es nicht mal.

Da ist Mama ganz anders. Die erinnert sich an jede Einzelheit jeder Geschichte, die ich ihr mal erzählt habe. – Aber in diesem Fall ist das eher ungünstig. Um nicht zu sagen: großer Mist!

Mama schaut mich scharf an. Dann sagt sie: „Tom, sei mal ehrlich: Du hast mir doch selber oft genug erzählt, dass ihr Dieter immer wieder ‚Mathe-Ratte' ruft. Dann war das doch kein Zufall, dass Malte gerade Ratten an die Tafel gemalt hat, nicht wahr?"

Ich winde mich. Mama trifft einfach immer den Kern der Sache. Diesmal auch. Hätte ich ihr bloß nichts davon erzählt! Klar war das ein bisschen fies von Malte. Aber eben auch superlustig. Und sonst gibt es nicht allzuviel zu lachen im Matheunterricht bei Spinne. Echt nicht! Da ist man für jede kleine Aufheiterung dankbar.

Ich versuche mich zu verteidigen: „Na ja, Mathe ist anscheinend der einzige Spaß in Dieters ödem Leben", sage ich und höre selber, dass meine Erklärung lahm klingt. „Das ist doch nicht normal!"

Mama steht auf. Sie schaut mich vorwurfsvoll an. „Ich finde es eher nicht normal, wie ihr mit Dieter umgeht. Malte macht solche boshaften Scherze. Die ganze Klasse lacht sich kaputt darüber. Und du wunderst dich, dass Dieter selber keinen Spaß daran hat. Also wirklich! Ich finde das richtig … erschreckend!"

Mama macht eine bedeutungsvolle Pause, dann sagt sie: „Es bleibt jedenfalls dabei. Ich bestehe darauf, dass ihr dem Jungen eine Chance gebt. Du lädst Dieter dieses Jahr zu deinem Geburtstag ein – und damit Schluss!"

Jetzt bin ich echt geplättet. Mama meint das tatsächlich ernst. Das kann sie doch nicht machen! Mann, bin ich sauer!

Ich springe auf. „Wenn ich Dieter einladen muss, feiere ich gar nicht. Das steht fest. Ich blamiere mich doch nicht bis auf die Knochen!", rufe ich.

Aber mit Mama ist nicht mehr zu reden. Das sehe ich an der Art, wie sie die Teller zusammenstellt und in die Spülmaschine räumt. So betont ruhig und konzentriert. Als gäb's jetzt nichts Wichtigeres auf der Welt.

„Denk mal in Ruhe darüber nach, Tom", sagt sie noch.

„Nicht nötig!", rufe ich und schmeiße die Tür hinter mir zu.

2. Wut im Bauch

Den Rest des Tages gehe ich Mama aus dem Weg. Ich bleibe einfach in meinem Zimmer. Die Tür mache ich zu. Das heißt, nicht ganz. Einen Spaltbreit lasse ich sie auf. Damit Mama im Vorbeigehen sieht, dass ich immer noch unheimlich wütend bin.

Ich lege mich also auf mein Bett, verschränke die Arme und starre an die Decke. Aber das wird ziemlich schnell ziemlich langweilig. Und Mama geht auch nicht so oft vorbei. Stattdessen räumt sie im Wohnzimmer herum und summt leise irgendwelche alten Schlager im Radio mit.

Während für mich der Tag echt gelaufen ist, scheint sie ja bester Laune zu sein. Nicht zu fassen!

Aber ich werde Mama zeigen, dass sie nicht so einfach bestimmen kann, wen ich zu meinem Geburtstag einlade und wen nicht. Schließlich mische ich mich ja auch nicht in ihre Freundschaften ein, oder? Dabei sind manche von Mamas Freundinnen echt total nervig. Ihre Freundin Susan zum Beispiel, die immer so nach Parfum riecht. Boah, ist die doof!

Die ist letzte Woche hier einfach unangemeldet reingeschneit. Gerade, als ich Mama die Karten zeigen wollte, die ich in der Schule getauscht hatte.

Eigentlich wollte sie nur „auf einen Sprung“ reinkommen, wie sie Mama versicherte. Aber dann ist sie doch den ganzen Nachmittag geblieben. Dabei hat sie unsere gesamten Schokokeksvorräte vertilgt und ununterbrochen auf Mama eingeredet.

Ich bin natürlich alle fünf Minuten ins Wohnzimmer geschlendert, um zu gucken, ob Mamas Freundin nicht mal langsam gehen will. Aber die hat sich einfach nicht aus der Ruhe bringen lassen. Nur Mama, die ist immer nervöser geworden.

„Hast du keine Hausaufgaben auf?", hat Mama gefragt und mir dabei Zeichen gemacht, mich schnellstens zu verziehen.

Aber Susan, die hat zuckersüß gelächelt und „Lass ihn doch" gesagt.

Als ich das sechste Mal reinkam, sah Mama aus, als würde sie gleich explodieren. Und Susan hat auch nicht mehr „Lass ihn doch" gesagt, sondern die Augen vielsagend zur Decke verdreht.

Susan hat keine Kinder. Ich glaube, die will auch keine. Ich weiß nicht warum.

Als Susan endlich abmarschbereit in der Tür stand, habe ich genau gehört, wie Mama ihr leise „Sonst ist Tom gar nicht so …!" zugeflüstert hat. Aber Susan, die hat ziemlich zweifelnd geguckt. Ich glaube, so schnell kommt die nicht wieder zu uns.

Aber wie gesagt: Von mir aus kann Mama befreundet sein, mit wem sie will. Ich mische mich da nicht ein.

Ah, jetzt wird drüben im Wohnzimmer das Radio ausgemacht. Ob Mama gleich zu mir rüberkommt, um mir zu sagen, dass ich diese dumme Einladung für Dieter vergessen kann? Ich lege mich wieder auf mein

Bett in Positur und warte. Aber Mama kommt nicht. Nach einer Weile höre ich, wie die Haustür ins Schloss fällt. Mama ist einkaufen gegangen. Einfach so. Unglaublich! Seufzend ziehe ich meinen Lieblingscomic unter dem Bett hervor und fange an zu lesen. Nach einiger Zeit merke ich, dass mein Magen knurrt. Kein Wunder, ich habe heute Mittag ja nur ein paar Nudeln gegessen. Dann fing Mama schon mit der doofen Dieter-Geschichte an. Und ich hab mein Essen stehen lassen. Jetzt ist Dieter auch noch schuld daran, dass mir der Magen knurrt!

Ich schlurfe also in die Küche, um mir ein Brot zu machen. Da stehen ja noch meine Nudeln. Mama hat den Teller auf eine Wärmeplatte gestellt. Daneben liegt ein Zettel. *Lieber Tom,* steht da, *wenn du nicht mehr so viel Wut im Bauch hast, wirst du merken, dass dein Magen ansonsten ziemlich leer ist. Also, iss jetzt in Ruhe deine Nudeln. Bis später, Mama.*

Erst überlege ich, ob ich den Teller einfach stehen lasse. Schließlich soll Mama sehen, dass ich noch jede Menge Wut im Bauch habe. Aber dann meldet sich mein leerer Magen wieder. Besiegt. Ich setze mich an den Tisch und fange an zu essen.

3. „Da wird ja die Sahne auf der Torte sauer!“

Am nächsten Morgen springe ich gleich aus dem Bett, als Mama mich weckt. Meine Zahnbürste halte ich nur kurz unter den Wasserhahn, damit sie sich nass anfühlt. So merkt Mama nicht, dass ich mir die Zähne gar nicht geputzt habe. Kleiner Trick für Notfälle. Heute wühle ich auch nicht meinen ganzen Schrank durch, um mein Lieblings-T-Shirt zu finden. Sondern ich ziehe ausnahmsweise gleich das an, was Mama mir zurechtgelegt hat. Ich will heute nämlich früher los als sonst. Damit ich genug Zeit habe, Jonas die ganze doofe Geschichte mit Dieter zu erzählen.

Jonas, wenn ich den nicht hätte!

Jonas und ich, wir traben immer zusammen zur Schule. Jonas wohnt nämlich nur zwei Straßen weiter. Also gehe ich jeden Morgen bei ihm vorbei und zerre ihn von seinem Frühstücksmüsli weg.

Jonas steht nämlich immer zu spät auf. Er ist nie fertig, wenn ich komme – nie! Deshalb müssen wir den Rest des Schulwegs immer rennen.

Am Anfang hat mich das total genervt, aber jetzt habe ich mich daran gewöhnt. Irgendwie gehört diese Rennerei vor der Schule dazu – zu mir und Jonas, meine ich.

Jonas ist mein bester Freund. Gleich vom ersten Schultag an. Damals haben wir zufällig nebeneinandergesessen, bei der Feierstunde in der Aula. Wir haben unsere Schultüten umklammert und die Schulleiterin angestarrt. Die hat nämlich eine Rede gehalten. Nur für uns. Für uns Schulanfänger, meine ich. Aber wir, wir haben kein Wort davon verstanden. Weil wir tierisch aufgeregt waren.

Unsere Mamas, die hatten die ganze Zeit feuchte Augen und sahen total feierlich aus in ihren schicken Klamotten. Und unsere Papas, die sind immer hin und her gelaufen und haben wie verrückt fotografiert und gefilmt. So, als wären wir richtige Filmstars oder Olympiasieger oder so.

Als die Schulleiterin mit ihrer Rede fertig war, haben die Kinder aus der dritten Klasse ein Lied für uns Frischlinge gesungen. Das war vielleicht eine Katzenmusik! Aber den Text habe ich behalten. Der war lustig: … *ob Indianer oder Chinesen, alle Kinder lernen lesen,* oder so ähnlich.

Jonas und ich, wir haben uns angeguckt und mussten sofort losprusten. Jonas hat dann ein Indianergeheul angestimmt. Nicht mal besonders laut. Aber die Schulleiterin hat sofort strafend zu uns rübergeschaut.

Später sind wir dann mit unseren Schultüten in unser Klassenzimmer gewandert. Und da hat unsere Klassenlehrerin, Frau Bender-Breitenbacher, Jonas und mich nebeneinandergesetzt. Und dabei hat sie gesagt: „Links der lange Tom und rechts der kleine Jonas – links die Sommersprossen, rechts die Kringellocken …

Was der eine von euch nicht hat, hat der andere. Ihr kommt sicher gut miteinander aus!"

Und dann hat sie gelacht. Und Jonas und ich, wir haben mitgelacht. Obwohl das ja gar nicht so richtig lustig war, was unsere Lehrerin da gesagt hat.

Ich mochte Jonas eben von Anfang an. Wenn er lacht – und er lacht andauernd – kriegt er ein Supergrübchen neben dem Mundwinkel. Das ist so tief, dass man da eine Rosine reinlegen kann. Die fällt nicht raus. Echt nicht! Noch nicht mal wenn Jonas hüpft und springt. Wir haben das schon probiert.

Also damals, an unserem ersten Schultag, haben Jonas und ich erst mal unsere Schultüten ausgepackt und dann wurde getauscht. Ich habe Jonas alle meine Lakritzstangen überlassen. Und er hat mir dafür seinen ganzen Mäusespeck gegeben. Ich bin nämlich verrückt nach Mäusespeck. Mäusespeck, das ist dieses weiche, rosa-weiß gestreifte Zeug, das Mama nie kauft, weil da zu viel Chemie drin ist – wie sie immer sagt.

Überhaupt Mama. Seit gestern Mittag habe ich nur das Nötigste mit ihr gesprochen. Ich bin ihr richtig aus dem Weg gegangen. Das kommt nur ganz selten vor. Eigentlich wollte ich ja am Abend mit Papa über Mamas bescheuerte Idee reden. Aber ausgerechnet gestern ist Papa mal wieder superspät nach Hause gekommen und sofort in seinen Sessel vor dem Fernseher gesackt. War glasklar, dass er nicht begeistert gewesen wäre, wenn ich noch mit dieser albernen Dieter-Geschichte angekommen wäre.

Heute Morgen hat Mama so getan, als wäre alles in Ordnung. Aber die Sache mit Dieter stand zwischen uns wie ein großer Betonklotz. Und beim Frühstück ist mir das Brot fast im Hals stecken geblieben. Streit mit Mama kann ich nicht gut ab. Aber was zu viel ist, ist zu viel!

Ich hatte mich so auf meinen Geburtstag gefreut – und sie hat mir alles kaputt gemacht!

Jetzt stehe ich schon mindestens fünf Minuten neben Jonas' Frühstückstisch und trete von einem Fuß auf den anderen. Mann, kann der nicht mal schneller machen?! Ich hab das Gefühl, heute Morgen löffelt er seine Müslischale echt in Zeitlupe leer. Fast mit Gewalt muss ich ihm seinen Schulranzen aufsetzen und ihn nach draußen zerren. Heute geht mir seine morgendliche Schlafnasigkeit echt auf die Nerven.

Während wir nebeneinander herlaufen, erzähle ich Jonas schnell, dass ich den doofen Dieter zu meinem Geburtstag einladen soll. Ich bin froh, dass ich meinen Ärger endlich loswerden kann.

Jonas verdreht die Augen und schüttelt den Kopf. „Mensch, den doofen Dieter auf 'ner Geburtstagsparty … Da wird ja die Sahne auf der Torte sauer! Deine Mutter tickt wohl nicht richtig! Die spinnt doch!"

Ich zucke zusammen. Klar, ich bin selbst total sauer auf Mama. Aber ich kann es nicht haben, wenn jemand anderes schlecht über sie spricht. Das tut mir irgendwie richtig weh. Noch nicht mal Jonas darf das.

Ich sage schließlich auch nie was gegen seine Eltern. Auch dann nicht, wenn Jonas selbst über sie herzieht. Weil sie von früh bis spät nur an ihren blöden Laden denken und sich sogar am Wochenende hinter ihren Abrechnungen und Bestellungen verkriechen.

Das erzählt mir Jonas montagmorgens immer alles haarklein. Stocksauer ist er dann oft. Trotzdem ist klar, dass ich von allein nie was gegen seine Eltern vom Stapel lasse. Und er nicht gegen meine. Das ist so eine Art ungeschriebenes Gesetz zwischen uns. Und dieses

Gesetz hat Jonas gerade gebrochen. Aber das sage ich ihm nicht. Ich sage: „Mama ist ja sonst ganz in Ordnung. Aber sie weiß eben nicht, was in der Schule läuft."

„Dann darf sie sich auch nicht einmischen", sagt Jonas. „Schließlich sollst du diese schwachsinnige Idee ausbaden. Was meinst du, was die anderen dazu sagen … Die lachen sich doch kaputt!"

Unbehaglich starre ich auf meine Schuhspitzen.

Daran habe ich natürlich auch schon gedacht. Die anderen …! Mensch, wenn die mitkriegen, dass mich meine Mutter dazu verdonnert hat, den doofen Dieter einzuladen …

Da kann ich einpacken. Das ist einfach daneben. Total uncool ist das. Jawohl!

Aber dann ist keine Zeit mehr zum Grübeln. Es hat zur ersten Stunde geklingelt. Jetzt müssen Jonas und ich wirklich rennen. Sonst kommen wir zu spät und müssen unter Frau Bender-Breitenbachers vorwurfsvollem Blick auf unsere Plätze schleichen. Nee, danke, das fehlt mir heute gerade noch …

4. Freunde, Frust und Forschungseifer

In der Pause erzählt Jonas lautstark rum, dass ich den doofen Dieter zu meinem Geburtstag einladen soll.

Ich bin total sauer. Verdammt, warum kann Jonas nicht mal seinen Mund halten? Vielleicht hätte ich es ja noch geschafft, Mama davon zu überzeugen, dass das mit Dieter eine blödsinnige Idee ist. Aber jetzt wissen es alle. Jetzt ist es zu spät.

Ich kaue auf meinem Apfel herum und tue so, als ginge mich das alles nichts an. Doch plötzlich baut sich der dicke Malte vor mir auf. So dicht, dass ich das Leberwurstbrot riechen kann, das er gerade kaut.

„Du, Tom, eins ist klar: Wenn der doofe Dieter zu deinem Geburtstag kommt, kommt keiner von uns! Da kannste Gift drauf nehmen."

Himmel, warum muss der denn so schreien? Jetzt hat echt die letzte taube Nuss in unserer Klasse mitgekriegt, dass ich erstens eine Mutter habe, die doofe Ideen hat. Und dass ich zweitens nicht cool genug bin, meiner Mutter diese doofen Ideen auszureden.

Ich habe das Gefühl, alle starren schon zu uns rüber. Mensch, Malte muss sich aber auch immer irgendwie wichtig machen. Ich will bloß, dass er endlich seinen Mund hält. Also winke ich ab und murmle: „Schon gut, schon gut."

Aus den Augenwinkeln sehe ich rüber zu Dieter. Er steht keine fünf Meter von uns entfernt. Der hat das voll mitbekommen. Das, was Malte gesagt hat. Aber er lässt sich nichts anmerken. Er starrt die Wand an, als sähe er sie zum ersten Mal. Dann zieht er ein Buch aus dem Fach unter seinem Tisch und beginnt zu lesen. Dieter liest immer irgendwas.

Ich schiele hinüber, aber ich kann den Titel des Buches nicht erkennen. Egal, wahrscheinlich wieder was über Technik oder Computer oder so. Dieter liest niemals Comics oder Detektivgeschichten. Das ist dem zu doof. Ich glaube, Dieter liest nur Sachen, aus denen er was lernt.

Er macht auch nie mit, wenn wir anderen Karten tauschen oder Wackelbilder oder was eben grad so angesagt ist. In den Pausen hockt er oft vor unserem Klassencomputer. Natürlich nicht, um irgendwelche Spiele zu machen wie wir. Sondern um öde Infos aus dem Internet abzufischen. Damit er dann noch mehr weiß …!

Natürlich hat Dieter in allen Fächern super Noten. Das war von Anfang an so. Dieter ist wie ein wandelndes Lexikon. Ich meine, er ist nicht nur in Aufsatzschreiben und Kopfrechnen gut. Sondern auch in anderen Sachen. Letztens hat er sich mit der Bender-Breitenbacher darüber unterhalten, wie dieses komische Ding im Auto funktioniert … dieses Teil, das dafür sorgt, dass nicht so viele Schadstoffe in die Luft gepufft werden. Wie heißt das denn noch? Kata…, Katy…? – Ach, egal!

Das hat der jedenfalls einfach so abgespult. Wie auf Knopfdruck. Und die Bender-Breitenbacher hat natürlich gestrahlt. Dieter ist einfach in allem top. Außer in Sport. Wenigstens das nicht auch noch! Wenn er in der Turnhalle an der Kletterstange hängt wie ein nasser Sack und nicht vorwärts und nicht rückwärts kommt, dann fühle ich schon so was wie klammheimliche Freude. Den anderen geht das natürlich genauso.

Malte, der reißt sogar manchmal richtig fiese Sprüche. Sodass alle noch mehr über Dieter lachen. Dabei ist Malte selber eine ziemliche Niete in Sport. So dick wie der ist. Aber daran denkt keiner mehr, wenn er seine Gags über Dieter reißt. Super Ablenkungsmanöver eben. Das hat Malte echt drauf.

Mama hat mir letztens mal wieder von früher erzählt. Sie hat gesagt, als sie zur Schule ging, waren die Klassenbesten auch immer die schwarzen Schafe. Die, die keiner mochte und so. Na ja, umso besser müsste sie doch jetzt verstehen, dass ich den doofen Dieter nicht zu meinem Geburtstag einladen will. Und überhaupt: Wenn diese Streber schon früher keiner abkonnte, muss doch was dran sein, oder nicht?

Mama erzählt mir oft von ihrer Schulzeit. Ich wundere mich immer, wie gut sie sich an alles erinnert, was damals so passiert ist. Schließlich ist das doch schon Ewigkeiten her. Mama ist zwar noch nicht alt. Ich meine, sie hat noch keine grauen Haare wie Oma. Aber so richtig jung ist sie eben auch nicht mehr. Einmal hat mir Mama ihr altes Tagebuch gezeigt. Da hat sie früher, als sie etwas älter war als ich jetzt, jeden Tag was reingeschrieben. Alles, was so passiert ist.

Ich habe so lange gebettelt, bis Mama mir ein paar Seiten aus ihrem Tagebuch vorgelesen hat. Ich dachte nämlich, da stehen so ganz geheime Geheimnisse drin von Mama. War aber nix. Meistens hatte sie nur aufgeschrieben, was es mittags zu essen gab, dass sie zu viel Hausaufgaben auf hat. Oder dass sie heute zum ersten Mal irgendein neues Kleid zur Schule anziehen durfte. Als Mama zu den interessanteren Stellen kam, wo stand, dass sie sauer auf ihre Eltern ist und sich auch noch mit ihrer besten Freundin verkracht hat, da hat Mama das Tagebuch plötzlich einfach zugeklappt und gemeint, dass es spät sei und ich jetzt schlafen müsse. Also ganz fair war das nicht.

Ich muss Mama noch mal fragen, wie das damals mit dem Streber in ihrer Klasse war. Und ob sie den denn zu *ihrem* Geburtstag eingeladen hat. Ha, vielleicht kriege ich sie ja damit!

Ich finde nämlich, Dieter ist selber schuld an seiner Situation. Er stellt sich immer ins Abseits. Ich glaube, wir – also Malte, Jonas und ich – wir Normalos eben, wir sind ihm oft einfach zu blöd. Der will viel lieber sein eigenes Ding machen. Vor Kurzem zum Beispiel, da hat die ganze Klasse bei einem Schülerwettbewerb mitgemacht. Das war natürlich eine Idee von Frau Bender-Breitenbacher. Sie hatte ein Plakat von *Jugend forscht* an die große Pinnwand in unserem Klassenzimmer gehängt und gefragt: „Na, wer hat Lust unter die Forscher zu gehen?“ Und dazu hat sie honigsüß gelächelt. So, dass wir alle gleich wussten: Das riecht nach Arbeit! Lehrer denken immer, wir merken so was nicht, aber wir sind schließlich nicht blöd.

Und dann kam die Überraschung: Ausgerechnet Jonas hat sich als erster bereit erklärt, bei dem Wettbewerb mitzumachen. Er hatte auch schon eine super Idee, die er der Bender-Breitenbacher gleich vorgetragen hat. Er wollte testen, ob Pflanzen besser wachsen, wenn sie mit Musik beschallt werden. Das hätte er mal gelesen, erklärte Jonas und machte dazu ein unheimlich interessiertes Gesicht. Frau Bender-Breitenbacher war natürlich entzückt von so viel Forschungseifer. Und weil man auch zu zweit oder zu dritt loslegen konnte, habe ich mich gleich dazugemeldet. So langsam dämmerte mir nämlich, wieso Jonas freiwillig zum Nachwuchsforscher mutieren wollte: Musik statt Mathe! Darauf hoffte Jonas, und seine Rechnung ging tatsächlich auf: Jonas und ich, wir haben uns erst mal jede Menge Kresse und anderes Grünzeug besorgt und eingepflanzt. Einige Töpfe blieben in der Schule, einige haben wir mit nach Hause genommen. Jetzt hatten wir endlich ein super Argument, ständig laute Musik zu hören. Über Wochen. Schließlich mussten wir unsere Forschungsobjekte ja über einen längeren Zeitraum beobachten. So mit zwei oder drei Stunden Musikbeschallung war das nicht getan. Damit kann man keine wissenschaftlich haltbaren Ergebnisse erzielen. Das hat Frau Bender-Breitenbacher sofort eingesehen. Und unsere Mütter auch.

Deswegen durften wir ausnahmsweise sogar bei den Hausaufgaben Musik hören. Wir haben unseren armen Pflänzchen alles Mögliche vorgesetzt. Von Marschmusik bis Mozart. Hin und wieder auch ein paar Rolling-Stones-CDs von Papa. Aber vor allem natürlich die aktuellen Hits rauf und runter. Das war super!

Mithilfe von Frau Bender-Breitenbacher haben wir Tabellen angelegt und fein säuberlich eingetragen, bei welcher Musik die Pflanzen aufleben und bei welcher sie sofort eingehen.

Papa wollte absolut nicht glauben, dass seine geliebten Stones sich als wahres Gift für das Wachstum der Pflänzchen erwiesen. Er war richtig sauer. Vor allem als Mama noch einen draufsetzte und sagte, dass dies vielleicht erklären würde, warum Papa auch nicht gerade groß gewachsen ist. Zu viel Stones gehört früher, ganz klar!

Nach dieser einleuchtenden Erklärung für Papas Zwergenwuchs ist Mama dann lieber schnell in die Küche geflüchtet. Und wir haben mit Papa *Satisfaction* von den Stones gehört. In voller Lautstärke natürlich, und dazu gerockt, was das Zeug hält.

Unsere Forscherei hat jedenfalls total viel Spaß gemacht. Nach und nach haben sich immer mehr aus unserer Klasse für den Wettbewerb angemeldet. Natürlich hatten nicht alle so eine geniale Idee wie Jonas. Die meisten haben irgendwelche Pflanzen oder Haustiere beobachtet. Aber Alina und Marie, die hatten sich auch was Tolles überlegt. Sie wollten unbedingt erforschen, wie viel Farbstoff in Mäusespeck steckt. Wahrscheinlich, um ihre Eltern davon zu überzeugen, dass das mit der Chemie im Mäusespeck nicht so schlimm ist. Aber das Projekt ist leider vorzeitig geplatzt, weil der dicke Malte in der großen Pause alle Forschungsobjekte aufgegessen hat. Alina und Marie waren stocksauer und wollten ihre Forscherkarriere schon abbrechen. Aber dann haben sie sich entschlossen, statt Mäusespeck dieses komische Joghurtweingummi zu untersuchen. Das ist nämlich die einzige Süßigkeit, die Malte nicht isst. Weil da angeblich Joghurt drin ist, und der ist gesund. Und Gesundes mag Malte grundsätzlich nicht. Der Trick hat funktioniert und alle waren zufrieden.

5. Wenn einer schon Dieter heißt …

Der einzige, der allein über seiner Forschungsarbeit gehockt hat, war natürlich mal wieder Dieter. Er hatte sich irgend so ein blödes Mathethema ausgedacht, bei dem keiner mitmachen wollte.

Nur Spinne, unser Mathelehrer, der war natürlich begeistert. Ständig hat er Dieter gefragt, ob es denn voranginge mit dem Forschen. Oder ob er vielleicht Hilfe brauche.

Sogar nach dem Unterricht haben die beiden noch oft zusammengehockt und an dieser doofen Arbeit gefeilt.

Manchmal hat Spintig den Dieter aufgefordert, uns zu erklären, um was es bei seiner Arbeit eigentlich geht. Dieter hat jedes Mal einen knallroten Kopf gekriegt. Aber dann hat er losgelegt und geredet wie aus dem Lehrbuch. Ich habe erst gar nicht versucht, das Ganze zu verstehen. Ich habe einfach nicht hingehört und die anderen auch nicht. Malte hat sogar ein paarmal demonstrativ gegähnt und dabei den Mund so weit aufgerissen, dass man ihm einen ganzen Hamburger hätte reinwerfen können. Dieter hat Maltes Gähnen natürlich auch gesehen und ist immer nervöser geworden und zum Schluss hat er dann nicht mehr in die Klasse geguckt, sondern nur immer Spinne angeschaut, ganz starr. Und Spinne hat begeistert genickt. Immer wieder. Wie diese Hunde mit den Wackelköpfen, die sich manche Leute hinten ins Auto stellen.

Seit diesem Matheprojekt ist Dieter jedenfalls endgültig Spinnes Liebling. Dauernd nimmt er ihn dran oder ruft ihn nach vorn an die Tafel. Da löst Dieter dann jede Aufgabe in null Komma nichts. So, als hätte er einen Taschenrechner verschluckt. Und Spinne sagt dann jedes Mal: „Na wunderbar. Ich sehe, es ist alles klar. Ihr habt den Stoff verstanden. Dann können wir ja weitermachen. Das nächste Kapitel, bitte!"

Und da meldet sich natürlich kein Schwein mehr, um zu sagen, dass noch längst nicht alles klar ist.

Spinne ist manchmal wirklich eine Plage. Aber Dieter auch. Wie der schon aussieht: Nie trägt er mal ein cooles Sweatshirt wie wir anderen. Stattdessen hat er immer so dicke, scheußliche Wollpullover an. Natürlich in gruseligen Farben. Die Dinger strickt ihm bestimmt seine Oma. Im Winter ist Dieter immer der erste, der eine Pudelmütze auf dem Kopf hat. Und im Frühjahr ist er der letzte, der sie absetzt. Ich bin mir sicher, Dieter zählt auch zu den letzten zehn Menschen auf diesem Planeten, die im Schwimmbad mit Badekappe herumpaddeln. Dieter sieht irgendwie immer aus, als wäre er einem alten Film entsprungen. Na ja, so passt sein Outfit wenigstens zu seinem Namen. Wer heißt denn heute noch Dieter?!

Mama sagt: „Was kann denn der Junge für seinen Namen? Den sucht man sich schließlich nicht selber aus."

Kein Wunder, dass Mama so redet. Sie hat nämlich selber auch einen doofen Namen. Sie heißt Adelheid.

In echt. Aber das weiß keiner. Das ist so eine Art Familiengeheimnis. Mama hat mal gesagt, sie verzeiht Oma und Opa nie, dass sie sie so getauft haben. Als Oma mit Mama schwanger war, hat sie dauernd solche Fürsten- und Königsromane gelesen. Da heißen ja alle Adalbert oder Edelgunde oder Engeltraud oder noch schlimmer. Tja, und so ist Oma eben auf Adelheid gekommen. Wieso Opa diesen Namen nicht verhindert hat, weiß keiner.

Das Witzige ist: Seit Mama mit Papa zusammen ist, hat sie einen neuen Namen. Sie heißt jetzt Daisy. Und das kam so: Als sich Papa und Mama ineinander verliebt haben, hat sie ihm erzählt, wieso sie so einen komischen Namen hat. Da hat Papa gelacht und gesagt, dass Mama froh sein könne, dass ihre Mutter während der Schwangerschaft nicht Donald-Duck-Heftchen gelesen habe. Denn dann wäre ihr Name vielleicht noch schlimmer ausgefallen. Daraufhin soll Mama gesagt haben, dass Daisy – so heißt die Freundin von Donald Duck in den Heftchen – doch ein netter Name sei. Na ja, seitdem heißt Mama eben Daisy. Ich glaube, die meisten kennen ihren richtigen Namen gar nicht. Nur Oma und Opa, die nennen Mama eisern weiter Adelheid. Und Mama guckt dann immer, als müsse sie sich gleich übergeben.

Mama sagt, ich soll froh sein, dass ich einen so schönen schlichten Namen habe und nicht so einen altmodischen wie Dieter. Da bin ich ja auch froh drüber. Tom ist ein guter Name, finde ich. Echt, da kann man nicht meckern. Obwohl Jonas und ich mal überlegt haben, ob wir nicht lieber anders heißen würden. Jonas wollte unbedingt, dass ich ihn Turtle nenne. Und ich, ich wollte Sergej heißen, wie ein Junge in einem Märchenbuch von meiner Oma. Dieser Sergej war ein richtig toller Hecht. Der hat die aufregendsten Abenteuer bestanden, ohne mit der Wimper zu zucken. Aber Jonas meinte, das sei Unsinn. Ich sähe nun mal überhaupt nicht aus wie Sergej, ich sähe aus wie Tom und damit basta. Das mit Turtle hat er sich dann auch noch mal überlegt. Und nach einer Weile fanden wir unsere Namen wieder ganz okay.

Tom – das ist kurz und knapp. Das kann man sich merken. Alle sagen, dass mein Name gut zu mir passt. Aber ich finde, Dieter passt auch gut zu Dieter. Der kann gar nicht anders heißen. Alina meint das auch. Alina, das ist die mit dem Mäusespeckversuch. Sie sitzt in der Reihe vor mir und sie ist das hübscheste Mädchen der Klasse. Das finden alle. Jonas sagt manchmal, Alina wäre ganz schön eingebildet. Weil sie so gut aussieht eben. Aber das ist Quatsch. Ich glaube, Jonas ist nur ein bisschen sauer, weil Alina öfter mit mir redet als mit ihm. Und weil sie immer ein bisschen lauter kichert, wenn ich einen Joke reiße, als wenn Jonas einen reißt. Echt, das ist so! Das bilde ich mir nicht ein. Aber das sage ich Jonas natürlich nicht. Dann würde er gar kein gutes Haar mehr an Alina lassen. Überhaupt Haare: Im Unterricht dreht Alina ständig ihre langen blonden Haare um ihre Finger und zupft an den Spitzen herum. Ich wette, sie hat schon jedes einzelne Haar in der Hand gehabt.

Letztens hat Alina einen Zettel rumgehen lassen. So einen Gutschein für eine Typberatung, wie sie in den Frauenzeitschriften immer gezeigt werden. Typberatung – das ist, wenn man auf der einen Seite Fotos von Frauen sieht, die blass und pickelig in dunklen Klamotten todtraurig in die Kamera blicken. Und auf der anderen Seite sind die gleichen Frauen wieder. Aber man erkennt sie kaum, weil sie jetzt total bunt geschminkt sind und Seidentücher umhaben und jede Menge Strähnchen im Haar und dazu strahlen, als hätten sie gerade 'ne Million im Lotto gewonnen.

Also, so einen Gutschein hatte Alina gebastelt und dazu geschrieben: *Machen auch Sie das Beste aus Ihrem Typ, Dieter. Machen Sie sich durchsichtig!*

Alle haben sich schiefgelacht. Bis auf Dieter natürlich. Der hat in sein Buch gestarrt und dann zu Spinne gesagt, dass er eine Idee für einen neuen Wettbewerb habe. Wieder irgendwas mit Mathe. Spinne war natürlich begeistert. Er hat Dieter nach der Stunde gleich zu sich bestellt. Und uns hat er gesagt, wie schade es sei, dass wir so wenig Begeisterung für Mathematik aufbringen könnten. Das mussten wir uns nun wieder anhören! Mensch, waren wir genervt!

Malte hat geseufzt wie ein krankes Walross. Und dann hat er Dieter mit einem Papierflieger beschossen. Das hat Spinne gesehen und uns allen noch eine Hausaufgabe extra aufgebrummt. So eine Schweinerei!

Und alles nur wegen dem doofen Dieter!

6. Mama lässt nicht locker oder Hackbällchen sind verdächtig

Mein Geburtstag rückt näher. Und die Sache mit Dieter ist immer noch nicht geklärt. Aber ich hege neue Hoffnung. Mama hat nämlich schon zwei Tage lang nichts mehr davon gesagt, dass ich Dieter einladen soll. Vielleicht hat sie es ja vergessen? Oder sie hat eingesehen, dass das Ganze eine blöde Idee war?

Ich habe mich jedenfalls in den letzten Tagen bemüht, nicht unangenehm aufzufallen. Das heißt, nichts zu tun, was Mama üblicherweise auf die Palme bringt. Ich habe abends mein Zimmer aufgeräumt und meine schmutzigen Unterhosen in den Wäschekorb gepackt, anstatt sie einfach auf den Boden zu schmeißen. Ich habe klaglos Mamas Nudeln in mich hineingeschaufelt und mich anschließend freiwillig an meine Hausaufgaben gesetzt. Alles für den guten Zweck natürlich!

Aber als ich heute Mittag nach Hause komme, ahne ich Fürchterliches. Es riecht nämlich gut. Richtig gut! Nach Hackbällchen und Bratkartoffeln, meinem absoluten Lieblingsessen … Mama hat die Hackbällchen extra nach Papas Rezept zubereitet. Nebenan liegt noch das Kochbuch. Sie will gute Stimmung machen. Das rieche ich zehn Meilen gegen den Wind. Wenn das nicht verdächtig ist …!

Ich kann meine Hackbällchen gar nicht richtig genießen, weil ich immer darauf warte, dass Mama endlich den Hammer fallen lässt. Um sie davon abzuhalten, mit dem Thema loszulegen, schwafle ich hektisch irgendwelches Zeug vor mich hin. Aber es nutzt alles nichts. Kaum habe ich mir das letzte Bällchen in den Mund geschoben, geht es auch schon los: „Na, Tom“, sagt Mama, „hast du inzwischen alle zu deinem Geburtstag eingeladen?“

Ich tue so, als könnte ich wegen des Hackbällchens in meinem Mund nicht sprechen, und nicke nur stumm.

Aber damit gibt sich Mama natürlich nicht zufrieden: „Hast du Dieter auch eingeladen?“, fragt sie.

Als Antwort starre ich stumm auf meinen Teller.

Mama seufzt und schüttelt den Kopf. „Ich verstehe dich nicht, Tom. Warum gebt ihr Dieter nicht einfach eine Chance? Vielleicht lernt ihr ihn dann von einer ganz anderen Seite kennen.“

Ich stöhne. Mama begreift nicht, dass Dieter nur eine Seite hat und die ist ätzend. Basta! Aber allein schaffe ich es anscheinend nicht, ihr das klarzumachen. Es muss etwas geschehen. Und zwar schnell. Ich muss endlich mit Papa über die Geschichte sprechen. Vielleicht kann er ja Mama erklären, dass das Ganze eine vollkommen blödsinnige Idee ist.

Die Gelegenheit ist günstig. Heute ist nämlich Dienstag. Da geht Mama abends zu so einem Hüpfkurs ins Fitnesscenter nebenan. Gleich nach dem Abendbrot packt sie ihre Sporttasche und zieht ab. Kaum ist die Tür hinter ihr ins Schloss gefallen, zieht Papa einen dicken Schokoriegel aus der Tasche und bricht ihn in der Mitte durch. Eine Hälfte für mich, eine für ihn. In stiller Übereinkunft kauen wir zufrieden vor uns hin.

Heimlich Schokolade essen ist eines unserer kleinen Männergeheimnisse. Reine Notwehr. Mama stellt sich nämlich immer ziemlich an, wenn Papa oder ich Schokolade essen wollen. Sie meint, Papa kriegt davon einen

Bauch und ich schlechte Zähne. Und das will sie beides nicht. Dabei nascht Mama selber gern. Sie mümmelt das Zeug auch heimlich, nämlich wenn ich in der

Schule bin und Papa im Büro. Sie hat einen kleinen Schokovorrat in ihrer Schreibtischschublade versteckt. Den habe ich letztens zufällig entdeckt, als ich einen Briefumschlag gesucht habe.

Mama macht Übersetzungen für Verlage und Firmen und so. Sie arbeitet von zu Hause aus und hat deswegen natürlich jede Menge Gelegenheit, heimlich Schokolade zu essen. Also gerecht ist das nicht.

Während sich Papa den letzten Schokorest von den Fingern leckt, erzähle ich ihm von Dieter und davon, dass Mama mich dazu zwingen will, den Doofmann zu meinem Geburtstag einzuladen.

„Sprich du doch mal mit Mama", bitte ich Papa. „Sag ihr, dass ich diesen Idioten nicht einladen kann!"

Aber Papa schüttelt den Kopf. „Nein, Tom, das geht nicht. Mama hat sich was dabei gedacht, dass du diesen Dieter einlädst. Und ich werde ihre Entscheidung jetzt nicht umwerfen. Abgesehen davon hat Mama mir natürlich auch schon von eurem Streit erzählt. Und ich finde ihre Idee nicht so schlecht, wie du vielleicht denkst. Ich mag's nämlich auch nicht, wenn jemand ausgegrenzt wird. So wie ihr das mit Dieter macht. So was ist ätzend und unfair. Egal ob in der Schule oder in der Arbeit." Papa steht auf und geht zum Schrank. „Willst du noch einen Riegel?"

Ich schüttle den Kopf. Der Appetit auf Schokolade ist mir vergangen. Ich hätte es wissen müssen. Ich meine, dass Papa und Mama bei den wichtigen Dingen zusammenhalten. Gegen mich. Das machen sie nämlich immer so. Gemein ist das.

Ich verkrümle mich in mein Zimmer.

Klar, Papa knabbert heimlich ein bisschen Schokolade mit mir. Aber wahrscheinlich nur, damit ich meinen Spaß habe. Und hinterher erzählt er Mama davon

und beide lachen sich kaputt über mich. Ich fühle mich so … verraten. Manchmal wünsche ich mir Geschwister. Da hätte ich wenigstens mal jemanden, mit dem ich mich gegen die beiden verbünden könnte, und stünde nicht immer allein da.

Wobei Lea – das ist die aus meinem Kindergarten mit der Babypuppe – ständig behauptet, Geschwister würden nur nerven. Lea sagt, jüngere Geschwister machen alles kaputt und sabbern einem die Schulhefte voll und ältere wollen ständig bestimmen, wo's langgeht. Lea weiß, wovon sie spricht. Sie hat zwei ältere Schwestern und einen kleinen Bruder. Der heißt Jonathan und ist fast noch ein Baby. Ich glaube aber, in Wirklichkeit hat Lea ihre Geschwister ziemlich gern. Den Kleinen schleppt sie ständig durch die Gegend und küsst ihn auf die dicken rosa Bäckchen, wenn sie denkt, dass ich es nicht sehe. Manchmal glaube ich fast, sie schämt sich dafür, dass sie ihn lieb hat. Komisch ist das.

7. Schlimmer geht's nicht!

Als wenn das mit Dieter nicht schon schlimm genug wäre, kommt es am nächsten Morgen in der Schule noch dicker: Spinne kündigt einen Mathetest an. Und das schon für übermorgen! Er behauptet, er wolle uns noch eine letzte Chance geben, unsere Noten zu verbessern. Weil doch die Zeugniskonferenzen nächste Woche beginnen. Spinne formuliert das tatsächlich so, als müssten wir ihm dankbar sein, dass wir noch einen Test schreiben dürfen. Er vergisst nur zu sagen, dass wir unsere Noten natürlich auch verschlechtern können.

Malte kriegt sofort ganz glasige Augen. „Das darf doch nicht wahr sein! In den letzten Wochen habe ich überhaupt nicht mehr geschnallt, was Spinne da vorn gemacht hat. Mensch, Tom, dieser Test kann mich voll reinreißen und Jonas erst recht."

Jonas ist ganz blass geworden. „Malte hat recht, dieser Test wird mir den Rest geben! Noch eine einzige schlechte Beurteilung in Mathe, und Spinne und die Bender-Breitenbacher kommen glatt auf die Idee, mich die Klasse noch mal machen zu lassen." Jonas seufzt. „Meine Eltern flippen total aus. Und ich habe auch keine Lust, das nächste Jahr unter lauter Frischlingen zu verbringen." Jonas versucht ein schiefes Grinsen. Aber ich weiß genau, dass er Angst hat. Und damit ist er nicht allein.

Auch ich kriege Gänsehaut, wenn ich mir nur vorstelle, dass Jonas und ich vielleicht bald nicht mehr zusammen in einer Klasse sind. – Aber was sollen wir tun?

„Mensch, Jonas", sage ich, „wir können doch noch versuchen, uns den Stoff reinzupauken. Ich bin zwar auch keine große Leuchte in Mathe, aber ..."

Jonas unterbricht mich: „... aber im Vergleich zu mir bist du der King. Ach, nein, das ist ja Dieter, die Mathe-Ratte."

Ich winke ab. „Jetzt lass doch mal Dieter aus dem Spiel. Willst du heute gleich nach der Schule mit zu mir kommen? Meine Mutter hat bestimmt nichts dagegen. Vielleicht kann sie uns ja sogar ein bisschen helfen. Sie ist gar nicht mal so schlecht in Mathe. Jedenfalls hat sie mehr Ahnung als mein Vater. Und ganz gut erklären kann sie auch."

Natürlich habe ich nicht den geringsten Nerv, Mama momentan um irgendetwas zu bitten. Aber das mit dem Mathetest ist einfach zu wichtig. Da kann wirklich alles dranhängen. Für Jonas – und damit auch für mich.

„Also, was ist?", dränge ich Jonas. „Kommst du nachher mit?"

Aber Jonas hat mir gar nicht richtig zugehört. Er scheint über irgendwas nachzudenken. Plötzlich hellt sich sein Gesicht auf und er hebt aufgeregt die Hand. „Wartet mal, ich habe da eine Idee", sagt er. „Vielleicht können wir versuchen, an Spinnes Aufgabenzettel ranzukommen."

Malte pfeift durch die Zähne. „Und wie?"

Jonas grinst. „Ich musste doch letztens im Lehrerzimmer auf die Bender-Breitenbacher warten. An ihrem Geburtstag, ihr wisst schon … Also, da stand ich zufällig vor dem Tisch von Spinne und habe gesehen, dass er seine Sachen da ganz offen rumliegen lässt. Oben auf seinem Stapel lagen Testaufgaben für die 3a. Ich bin mir ganz sicher. Mensch, überlegt doch mal: Wenn Spinne das immer so macht, dann müsste man den Zettel mit den Aufgaben für unsere Klasse doch nur kurz auf den Kopierer legen und fertig." Jonas lehnt sich zurück. „Das wäre eigentlich keine große Sache."

„Hey, das ist es!" Malte ist aufgesprungen. Er bohrt seinen Zeigefinger in meine Brust. „Sag mal, Tom, die

Pflanzen, die ihr zu eurer Forschungsarbeit gebraucht habt, die stehen doch immer noch im Lehrerzimmer, oder?"

Ich nicke zögernd, habe keine Ahnung, worauf Malte hinauswill. „Ja, die paar, die die Stones überlebt haben, schon."

Malte klatscht in die Hände und sieht mich erwartungsvoll an. „Und als echter Pflanzenfreund gießt du die Pflänzchen doch immer noch regelmäßig, nicht wahr?"

Als ich wieder nicke, sagt Malte triumphierend: „Na bitte, dann fällt das doch gar nicht auf, wenn du ganz brav mit deiner Gießkanne ins Lehrerzimmer trabst, einen günstigen Moment abwartest und dann die Aufgaben einfach kopierst." Malte lehnt sich zufrieden zurück. „Bingo!" Er schaut uns beifallheischend an. So als hätte er das Ding quasi schon gedeichselt.

Aber ich kapiere nur langsam. Noch weigert sich mein Gehirn zu begreifen, was Malte da gerade vorgeschlagen hat. Aber irgendwann fällt der Groschen. Ob ich will oder nicht. Und eine Zehntelsekunde später habe ich das Gefühl, mir rammt jemand eine Faust in den Magen.

„Ich?", krächze ich und schaue Malte entsetzt an. „Du meinst, *ich* soll das machen?"

Ich fühle, wie mir das Blut in den Kopf steigt, mir heiß und kalt zugleich wird. Mensch, ich laufe doch schon bei jeder klitzekleinen Lüge knallrot an! Ich gehöre zu denen, die noch nie im Leben im Bus schwarzgefahren sind. Und während andere sich damit brüsten, im Kaufhaus immer mal was mitgehen zu lassen, machen mich überfüllte CD-Regale eher nervös. Weil ich ständig befürchte, dass eine CD aus dem Regal zufällig in meine Jackentasche fallen könnte, ich so zum Dieb wider Willen werde und mich eine Horde von Kaufhausdetektiven durch die ganze Stadt jagt. – Ich habe einfach keine Nerven für solche Aktionen!

„Ich kann das nicht", stammle ich. „Ich würde schon vorher durchdrehen. Echt, das geht nicht, weil ... weil ich ..."

Plötzlich packt mich Jonas am Arm. Er schaut mir in die Augen. Seine Stimme ist leise, fast beschwörend. „Mensch, Tom, das ist doch unsere einzige Chance! Wenn Spinne mir eine miese Beurteilung schreibt, dann bin ich dran. Der sagt meinen Eltern doch glatt, dass ich dieses Schuljahr noch mal machen soll, und dann ..."

Fast automatisch spreche ich Jonas' Satz zu Ende: „Dann sind wir nicht mehr zusammen."

Schlagartig sehe ich vor mir, wie es in der Klasse wäre ohne Jonas. Ich sehe mich selbst, einsam an unserem Tisch sitzen, neben mir der leere Stuhl. Keiner mehr da, der mir Zettelchen zuschiebt. Keiner mehr da, der mich aufmunternd in die Seite pufft, wenn irgendwas schiefgelaufen ist. Den ich nur ansehen muss, um bessere Laune zu kriegen. Der mich auch ohne Worte versteht. Der ein Freund ist, wie Jonas eben einer ist. Verdammt, ich könnte schon losheulen, wenn ich mir das nur vorstelle …

Aber das Schlimmste wäre: Immer wenn ich dann Jonas' leeren Platz sehen würde, wüsste ich, dass das Ganze irgendwie meine Schuld ist. Denn ich hätte verhindern können, dass Jonas die Klasse noch mal machen muss. Aber ich hab's nicht getan, weil ich feige war.

Das würde ich wissen. Und Jonas würde es wissen. Und Malte natürlich. Malte würde außerdem garantiert dafür sorgen, dass es auch alle anderen erfahren. So nach und nach. Der Tom ist ein elender Feigling, würde es heißen. Der hat seinem Freund nicht geholfen, obwohl es ein Kinderspiel gewesen wäre. Alle würden wissen, dass ich versagt habe. Einfach alle. Und dann hätte ich irgendwann überhaupt keine Freunde mehr. Dann wäre nicht nur Jonas weg, sondern ich wäre total allein.

Ich habe das Gefühl, es sind Stunden vergangen. Dabei sind es sicher nur Sekunden gewesen, in denen mir das alles kreuz und quer durch den Kopf geschossen ist. Malte und Jonas starren mich an. Gespannt, erwartungsvoll. Verdammt, ich kann sie nicht enttäuschen. Das geht einfach nicht! Maltes Vorschlag ist die einzige Möglichkeit, Jonas zu retten. Wahrscheinlich bliebe ihm zum Lernen wirklich nicht mehr genug Zeit. Es ist unmöglich, sich den Stoff von Wochen in zwei Tagen reinzuziehen. Das schafft keiner.

Ich atme tief durch. Es gibt keinen anderen Weg. Entschlossen sehe ich Jonas an. „Okay, ich mache es."

Bin ich das, der da gesprochen hat? Habe ich das wirklich gesagt? Es muss wohl so sein, denn Malte und Jonas johlen und klopfen mir begeistert auf die Schultern. Ich gehöre wieder zu ihnen. Für sie ist die Welt wieder in Ordnung.

8. Albträume

Weil Spinne den Test schon für den übernächsten Tag angekündigt hat, muss die Sache gleich morgen über die Bühne gehen. Morgen! In noch nicht mal mehr 24 Stunden …!

Ich bin so kribbelig, dass ich keine Sekunde still sitzen kann. Stundenlang tigere ich in meinem Zimmer auf und ab und gehe unseren Plan für morgen ganz genau durch. Immer wieder: meinen Weg zum Lehrerzimmer, die Anordnung der Tische, der Kopierer im Vorraum …

Glücklicherweise ist Mama nicht zu Hause. Sie hat eine Besprechung bei einem ihrer Verlage. Ich bin heilfroh darüber. Mama würde sicher merken, dass irgendwas mit mir los ist. Sie hat in diesen Dingen ja Antennen wie ein Marsmännchen.

Der Tag zieht sich wie Kaugummi. Ziellos laufe ich durch die Wohnung, schnappe mir ein Buch nach dem anderen, blättere sinnlos darin herum, lese ein paar Zeilen und verstehe kein Wort. Irgendwann wandere ich ins Wohnzimmer, schnappe mir die Fernbedienung und zappe mich durch die Programme. Obwohl ich mit Mama und Papa die feste Vereinbarung habe, dass ich nachmittags nicht allein fernsehe. Bisher habe ich mich auch immer daran gehalten. Aber heute kann ich nicht anders. Ich muss mich irgendwie ablenken.

Außerdem: Wenn ich morgen sowieso Regeln breche, kann ich genauso gut schon heute damit anfangen, oder? Kommt auch nicht mehr darauf an. Von jetzt an bin ich Tom Tienemann, der Gesetzlose …

Bei dem Gedanken fange ich an, wie blöd vor mich hin zu kichern. Ich reiße mich zusammen. Verdammt, wenn ich jetzt schon die Nerven verliere – wie soll das dann erst morgen werden?

Ich zwinge mich, auf den Fernseher zu starren. In den meisten Programmen laufen nachmittags öde Talkshows. Da sitzen dann mehr oder minder gruselig aussehende Leute in Jogginganzügen und beschimpfen sich gegenseitig. Nur die Leute, die die Sendungen moderieren, sehen immer gut aus. Die schimpfen auch nicht. Sie ziehen höchstens mal missbilligend die Augenbrauen hoch oder gucken betont mitleidig – je nachdem, was die Leute in den Jogginganzügen so vom Stapel lassen. Nee, diese Talkshows hält echt kein Schwein aus.

Ich zappe weiter und bleibe schließlich bei einem Musikkanal hängen. Ich stelle den Ton ab und schaue den Sängern und Tänzern bei ihren zuckenden Bewegungen zu. Merkwürdig sieht das aus.

Ich denke an Jonas. Ob er auch nervös ist? So nervös wie ich? Wahrscheinlich nicht. Nach der Schule haben wir nicht mehr über das gesprochen, was ich morgen tun soll. Ich glaube, Malte und Jonas hatten Angst, dass ich einen Rückzieher machen könnte, wenn wir das Thema noch mal anschneiden. Bloß nicht dran rühren. Einfach laufen lassen.

Aber für die beiden ist es leicht. Ich seufze. Malte und Jonas sind aus dem Schneider … jedenfalls fast. Wenn alles klargeht morgen. Wenn Spinnes Aufgabenzettel wirklich da liegt, wo er liegen soll. Und wenn ich nicht im letzten Moment versage …

Immer wieder versuche ich mir deutlich zu machen, dass ich das Ganze für Jonas tue. Damit er nicht sitzen bleibt. Außerdem ist es ja wirklich fies von Spinne, uns jetzt noch einen Mathetest schreiben zu lassen. Das ist nicht fair. Dagegen müssen wir uns doch einfach wehren, oder nicht?

Oder nicht …?

Irgendwann kommt Mama von ihrer Besprechung zurück und macht uns beiden Abendbrot. Mama ist bester Laune, weil sie einen interessanten neuen Auftrag bekommen hat. Sie redet die ganze Zeit darüber. Deshalb merkt sie gar nicht, dass ich das Brot auf meinem Teller nur immer hin und her schiebe, ohne wirklich etwas zu essen.

Ich bin froh, als es draußen endlich dunkel wird. Ich gehe früh ins Bett, will morgen fit sein. Aber ich kann nicht einschlafen. Unruhig wälze ich mich hin und her. Stundenlang. Ich höre Papa nach Hause kommen. Ich höre meine Eltern leise reden und irgendwann ins Bett gehen. Es wird ruhig im Haus.

Endlich, endlich döse ich ein. Aber ich habe einen schrecklichen Traum: Ich sitze auf der Blumenbank im Lehrerzimmer, mitten in unseren Pflanzen. Wie ein Urwald wuchern die Gräser, Stängel und Blätter über mir. Denn ich bin ganz klein, geschrumpft auf die Größe eines winzigen Käfers. Angestrengt versuche ich mir einen Weg durch die Erde zu bahnen. Aber plötzlich wird es dunkel um mich herum. Ich habe Angst. Ich spüre, dass sich etwas auf mich zu bewegt. Ganz langsam. Ich warte. Ich kann noch nicht erkennen, was es ist. Verzweifelt reiße ich die Augen auf, versuche, die Dunkelheit zu durchdringen. Und mit einem Mal sehe ich ganz deutlich, was da auf mich zu kriecht: Es ist eine Spinne. Eine riesige Spinne mit sechs langen Beinen und einem menschlichen Gesicht – dem Gesicht von Walter Spintig! Die Spinne kommt näher, immer näher. Es ist so schrecklich! Ich schreie, versuche wegzulaufen. Aber ich bin völlig starr, wie gelähmt. Und die Pflanzen um mich herum wachsen höher und höher. – Gleich hat mich die Spinne erreicht. Jetzt! Sie greift nach mir, umfasst mich, rüttelt meine Schultern …

„NEIN!“, schreie ich. „Lass los! Lass los!“

Aber das Rütteln hört nicht auf.

Ich habe das Gefühl zu fallen. Immer tiefer und tiefer falle ich. Dann wird es langsam wieder heller. Irgendwann erkenne ich, dass es Mamas Hände sind, die

mich rütteln, die mich festhalten. Sie will mich aufwecken, mich befreien aus diesem schrecklichen Traum.

Endlich bin ich richtig wach. Die Spinne und der Urwald sind verschwunden. Ich liege in meinem Bett, wie immer. Mama streichelt mein Gesicht. Sie schaut mich besorgt an. „Ganz ruhig, Tom, es ist alles gut. Ich bin hier, bei dir. Du hast nur schlecht geträumt."

Mama nimmt mich in die Arme. Sie wiegt mich hin und her und summt leise dazu. Es ist genau wie früher, als ich ganz klein war. Ich würde am liebsten immer so liegen bleiben.

„Hast du Kummer, Tom?", fragt Mama. „Ist da etwas, das du mir erzählen möchtest?"

Ich schlucke und schüttle den Kopf. Ich kann es Mama nicht sagen. Sie würde das, was ich vorhabe, niemals zulassen.

Mama sieht mich ernst an, bohrt aber nicht weiter. Nach einer Weile steht sie auf, um mir einen frischen Schlafanzug aus dem Schrank zu holen. Meiner ist völlig nass geschwitzt. Angstschweiß. Kein Wunder! Ich kann mich nicht erinnern, je zuvor etwas so Schreckliches geträumt zu haben. Noch immer wirbeln die Bilder der riesigen Spinne durch meinen Kopf. Ich habe Angst wieder einzuschlafen.

Mama merkt das. Sie bleibt an meinem Bett sitzen, bis ich langsam in einen unruhigen Schlaf falle. Noch lange spüre ich ihre kühle Hand an meiner Wange.

9. „Kann gar nichts schiefgehen!“

Am nächsten Morgen fühle ich mich wie zerschlagen. Was für ein Albtraum! Als ob Spintig ein richtiges Ungeheuer wäre … Dabei ist er in Wirklichkeit doch gar nicht sooo schrecklich. Klar, Mathe ist nicht gerade mein Lieblingsfach und Spinne nicht gerade mein Lieblingslehrer, aber so fies ist er nun auch nicht.

Mensch, bin ich aufgeregt! Mein Herz klopft zum Zerspringen und mein Hals ist wie zugeschnürt. Wieder kann ich kaum etwas essen. Ich spüre, dass Mama mich beobachtet. Heute ist sie aufmerksamer als gestern Abend. Kein Wunder, nach der Nacht …! Einmal holt Mama tief Luft, als wolle sie etwas sagen. Aber dann ist sie doch still und lächelt mir nur kurz über den Tisch hinweg zu. Schnell senke ich den Blick. Heute kann ich ihre liebevolle Anteilnahme kaum ertragen. Himmel, wenn sie wüsste, was ich vorhabe …!

Ich mache mich noch früher auf den Weg als sonst. Jonas sitzt natürlich mal wieder seelenruhig beim Frühstück, als ich bei ihm klingle.

„Willst du auch ’n Müsli?“, fragt er mich mit vollen Backen und schiebt mir eine Schale herüber.

Jonas’ Eltern sind schon weg. Er ist allein zu Haus und hat den Fernseher laufen. Genervt schalte ich die Kiste ab und schiebe die Müslischale zur Seite. Jonas’ Ruhe geht mir heute total auf die Nerven. Schließlich weiß er, was für mich auf dem Spiel steht! Da kann er nicht so tun, als wäre alles in bester Ordnung.

„Komm, lass uns gehen. Ich will das so schnell wie möglich hinter mich bringen“, sage ich.

Jonas klopft mir auf den Rücken. „Kann ich gut verstehen, Tom. Aber Malte und ich, wir werden dir nie vergessen, was du heute für uns tust. Das weißt du ja!“

Ich nicke nur. Ohne es mir selber einzugestehen, habe ich bis zu diesem Moment noch gehofft, dass Jonas das Ganze abbläst. Dass er einfach sagt: „Lass mal, Tom, ich schaffe den Test schon. Die Geschichte mit dem Lehrerzimmer kannst du dir sparen.“

Aber Jonas scheint gar nicht daran zu denken. Seelenruhig räumt er die Müslischale in die Spülmaschine, zieht seine Jacke über und greift nach seinem Ranzen. „Okay, ich bin fertig. Wollen wir los?“

Schweigend gehen wir nebeneinander her. Hin und wieder kickt Jonas ein Steinchen zu mir rüber und ich kicke es automatisch zurück. So wie immer. Aber es ist nicht wie immer.

Ich schiele zu Jonas hinüber. Er spürt meinen Blick nicht, ist ganz aufs Kicken konzentriert. Plötzlich erscheint er mir so fremd, so unendlich weit weg. Dabei berühren sich unsere Arme fast beim Laufen.

Ohne es zu wollen, gehe ich ein Stück zur Seite und vergrößere den Abstand zwischen uns.

Ich überlege. Ob ich Jonas von meinem Traum erzähle? Vielleicht habe ich ihm ja gestern nicht deutlich genug gemacht, wie viel Angst ich vor dieser Aktion habe? Dass sich alles in mir dagegen sträubt! Dass ich einen Wahnsinnsbammel habe, erwischt zu werden! Aber nein, das kann ich Jonas nicht sagen. Sonst denkt er noch, ich will mich in letzter Sekunde drücken. Ich habe Jonas mein Wort gegeben und er hat sich darauf verlassen. Sonst hätte er schon gestern anfangen müssen, wie verrückt zu lernen. Die Möglichkeit hat er jetzt nicht mehr. Wenn ich heute Morgen noch einen Rückzieher mache, ist er total aufgeschmissen. Es gibt kein Zurück mehr!

Der Weg zur Schule erscheint mir heute ungeheuer kurz. Viel zu schnell sind wir da und steigen die Treppe zu unserem Klassenzimmer hinauf.

Malte ist auch schon da. Aufgeregt winkt er uns. „Kommt mal her, ich habe schon alles geplant. Ich sage euch, die Bedingungen für unsere Operation X könnten gar nicht besser sein – absolut ideal!“ Malte strahlt übers ganze Gesicht. So, als hätten wir ein tolles Abenteuer vor uns, das er freundlicherweise organisiert hat.

Urplötzlich habe ich Lust, ihm mitten in sein leuchtendes, selbstzufriedenes Vollmondgesicht zu schlagen. Eigentlich spricht doch auch gar nichts dagegen. Schließlich bin ich Tom Tienemann, der Gesetzlose … Für mich gelten jetzt andere Regeln. Also, worauf warte ich noch?

Ich schaue Malte an, als sähe ich ihn zum ersten Mal. Mag ich ihn eigentlich wirklich? Oder finde ich es nur toll, dass er anscheinend gerne mit mir zusammen ist? Malte ist irgendwie „wichtig“ in der Klasse: Jeder lacht über seine Jokes. Auch wenn – oder gerade weil – sie manchmal ganz schön fies sind. Jeder hört zu, wenn er was zu sagen hat. Jeder lädt ihn zum Geburtstag ein. Und wenn einer eine neue Klamotte trägt, über die Malte eine abfällige Bemerkung macht, ist klar, dass man das Teil nur noch zu Omas Geburtstag anziehen kann. – Verdammt! Warum eigentlich?

Malte kommt auf mich zu und schlägt mir auf die Schulter. „Du bist ja ganz schön blass um die Nase, Tom. Aber mach dir keine Sorgen, es kann gar nichts schiefgehen! Ich habe gestern noch zufällig mitgekriegt, dass die Lehrer zu Beginn der ersten großen Pause alle ins Büro der Schulleiterin kommen sollen. Sie hat nämlich ein neues Computerprogramm für den Stundenplan, das sie vorführen will."

Das heißt, dass mit Sicherheit kein Mensch im Lehrerzimmer sein wird. Kann doch gar nichts schiefgehen – meint Malte.

Ich nicke nur stumm. Jetzt ist auch mein alleraller-letzter Hoffnungsschimmer dahin. Ich hatte noch ein kleines bisschen darauf gebaut, dass sich vielleicht schlicht und einfach keine Gelegenheit ergeben würde, Spinnes Papier zu schnappen, weil ständig tausend Leute im Lehrerzimmer hocken. Aber jetzt sind die Bedingungen wirklich super – meint Malte.

Schon am Anfang der Stunde muss ich zweimal aufs Klo, so aufgeregt bin ich. Verflixt, das kommt sonst nie vor! Das muss ja auffallen!

Prompt schaut mich Frau Bender-Breitenbacher prüfend an. „Geht's dir nicht gut, Tom?", fragt sie besorgt.

„Doch, doch, alles okay", stammle ich. Bloß kein Aufsehen erregen. Wenn die Sache auffliegt, erinnert sich die Bender-Breitenbacher sonst an mein seltsames Verhalten und der Verdacht fällt gleich auf mich. Ich muss mich möglichst normal verhalten. Aber ich weiß gar nicht mehr, wie das geht. Alles Normale scheint Lichtjahre von mir entfernt zu sein, ist nicht mehr als eine blasse Erinnerung. Trotzdem: Ich darf hier nicht so trübe herumhängen und Löcher in die Luft starren. Ich muss mich am Unterricht beteiligen. Das mache ich ja sonst auch. Verzweifelt versuche ich mich zu konzentrieren und melde mich, als die Bender-Breitenbacher die nächste Frage stellt. Sie nimmt mich prompt dran und ich habe das Gefühl, völligen Stuss abzusondern. Überhaupt: Schaut sie nicht viel zu oft zu mir herüber? Ist sie misstrauisch? Ahnt sie etwas? – Verdammt, ich muss mich am Riemen reißen! Natürlich ahnt die Bender-Breitenbacher nichts! Nicht das Geringste. Sie kann schließlich keine Gedanken lesen. Auch wenn sie das im Spaß gern behauptet und ständig darauf herumreitet, dass sie nach fast zwanzig Jahren als Lehrerin ihre „Pappenheimer" in- und auswendig kennt und so weiter und so fort.

Ich muss aufhören, darüber nachzudenken. Ich muss an etwas ganz Normales denken, um nicht völlig durchzudrehen. Aber an was? – Okay, ich hab's: Ich überlege mir jetzt, was es in den letzten Tagen zum Mittagessen gab. Das lenkt mich bestimmt ab. Also: Gestern gab es Nudeln mit Käsesoße. Aber davon konnte ich ja kaum etwas essen, weil ich schon so fertig mit den Nerven war. Und vorgestern? Klar, da hatte Mama Hackbällchen gemacht, um mich gnädig zu stimmen wegen der Geschichte mit Dieter. – Himmel, das erscheint mir alles so weit weg! Ich kann mir kaum noch vorstellen, dass ich das Ding mit Dieter noch vorgestern als riesengroßes Problem betrachtet habe. Im Vergleich zu dem, was jetzt vor mir liegt, ist diese Einladungsgeschichte doch ein Witz!

Ich zwinge mich, weiterzumachen. Also, was gab es vor drei Tagen zum Mittagessen? Klar, Nudeln und …?

Mitten in meine tiefgreifenden Überlegungen hinein erklingt plötzlich der Pausengong und hallt in meinen Ohren nach wie ein bombastischer Paukenschlag. Ich schieße von meinem Stuhl hoch. Mein Herz hämmert den immergleichen Rhythmus: Es geht los. Es geht los. Es geht los. Es geht …

Ich fühle mich wie aufgezogen. So, als würde ich an unsichtbaren Fäden bewegt, als wäre mein eigener Wille komplett ausgeschaltet.

Ich warte, bis die Bender-Breitenbacher ihre Sachen zusammengepackt hat und zur Tür raus ist. Will nicht noch einmal ihrem prüfenden Blick begegnen. Endlich ist sie weg. Ich straffe meine Schultern, gehe nach vorn und nehme die Gießkanne vom Fensterbrett. Prüfend schüttle ich sie hin und her. Noch fast halb voll. Das wird reichen. Schließlich muss ich die Pflanzen wirklich gießen, wenn ich gleich im Lehrerzimmer bin. Alles andere würde auffallen. Meine Hände zittern, meine Beine sind wie Gummi. Es ist, als würde ich auf frischem Beton gehen und bei jedem Schritt ein Stück tiefer in die teigige Masse sinken.

„Viel Glück!“, zischt Malte hinter mir her. „Du wirst sehen, das ist ein Kinderspiel!“

Der hat gut reden!

10. Um Haaresbreite

Mit der Gießkanne in der Hand laufe ich den Gang entlang. Das Wasser schwappt hin und her. Ich zwinge mich, langsamer zu gehen. Aus allen Klassenzimmern strömen jetzt Schüler und drängen hinunter auf den Schulhof. Wie schön wäre es, sich jetzt einfach in diesem Strom mittreiben zu lassen ... Aber ich gehe in die Gegenrichtung.

Schon bin ich auf der Treppe. Das Büro der Schulleiterin, wo sich die Lehrer gleich treffen werden, liegt im Erdgeschoss, gleich neben dem Schulsekretariat. Aber das Lehrerzimmer ist im zweiten Stock. Schon öffne ich die schwere Glastür, die den Lehrertrakt vom übrigen Flur abteilt. Hier ist es ruhiger, alle Geräusche erscheinen gedämpft.

Vor der Tür des Lehrerzimmers bleibe ich stehen, horche angespannt. Tatsächlich, von drinnen sind keine Stimmen zu hören! Ich klopfe an – keine Antwort. Also trete ich ein, schaue mich um. Kein Schwein da. Malte hatte also recht mit der Computerbesprechung bei der Schulleiterin.

Ich versuche, möglichst wenige Schritte zu machen, als würde jeder Fußabdruck bleibende Spuren hinterlassen. Dabei ist Spinnes Platz sowieso relativ nah an der Tür. Zwei, drei, vier Schritte, dann stehe ich auch schon vor seinem Tisch. Zwei Stapel liegen da. Sorgfältig aufeinandergehäuft. Und auf dem linken – ganz obendrauf – sehe ich den Zettel mit unseren Aufgaben. Es gibt keinerlei Zweifel! *Test Klasse 4b* steht da. Klar und deutlich. Die 4b, das sind wir.

Das Herz klopft mir bis zum Hals. Ich stelle vorsichtig die Gießkanne ab und blicke mich ein letztes Mal im Zimmer um, schaue hektisch in alle Ecken, zum Schluss sogar unter die Tische, als könnte sich dort jemand versteckt halten, um in der nächsten Sekunde herauszuspringen und mich auf frischer Tat zu ertappen.

Ich muss es jetzt tun. Die Zeit drängt.

Ich beobachte meine eigene Hand, als wäre es die eines Fremden. Ich sehe meine Finger nach dem Aufgabenzettel greifen und weiß: Jetzt, in dieser Sekunde, hat der Betrug begonnen. Jetzt habe ich keine Wahl mehr. Jetzt muss es schnell gehen.

Mit dem Zettel in der Hand renne ich nach draußen. Der Kopierer steht direkt vor dem Lehrerzimmer. Aber verdammt, der ist ja noch nicht angeschaltet! Ich drücke auf den Knopf. Jetzt wird es mindestens zwei, drei Minuten dauern, bis der Kopierer warmgelaufen ist. Das weiß ich so genau, weil ich schon mal mit Jonas Kopien für die Klasse gemacht habe. Zwei Minuten, das ist viel zu lang! Himmel, warum habe ich das Ding nicht eben schon angestellt? Als ich reinkam. Mann, bin ich blöd! Aber jetzt ist es zu spät. Mit zitternden Knien stehe ich neben dem Kopierer. Ich warte. Starre gebannt auf das rote Lämpchen, das mir signalisiert, dass das Ding immer noch nicht loslegen kann. Mann, wie lange dauert das denn noch?

Nun mach schon!

Komm, werde grün!

Nix.

Ich überlege fieberhaft. Vielleicht sollte ich einfach auf den Knopf drücken. Dann zieht der Kopierer das Blatt wenigstens schon mal ein und ich spare gleich ein paar Sekunden. Wie hypnotisiert starre ich auf den Kopierer. So als wäre er ein wichtiger Verbündeter.

Jetzt fange ich sogar an, mit dem Ding zu sprechen: „Bitte! Bitte funktioniere!“, flüstere ich. „Komm, hilf mir!“

Tatsächlich, der Kopierer zieht das Blatt ein. Ein Hauch der Erleichterung durchströmt mich. In überschäumender Dankbarkeit streichle ich den grauen Plastikdeckel.

„Brav“, sage ich leise. Himmel, drehe ich jetzt völlig durch?

Schon strecke ich die Hand aus, um die Kopie in Empfang zu nehmen. Doch plötzlich leuchtet ein anderes rotes Lämpchen auf.

Papierstau, meldet das Lämpchen. *Lösen Sie die Kopiervorlage aus dem Gerät.*

NEIN!

Nein, das darf nicht wahr sein!

Augenblicklich bricht mir der Schweiß aus. Ich starre den Kopierer an. Er ist mein Feind. Er will mich vernichten! – Verdammt, wie geht dieses verdammte Ding auf? Da, der schwarze Schalter vielleicht. Meine Hände zittern so, dass ich kaum die schwere graue Klappe aufkriege. Endlich ist es geschafft! Aber es hilft mir nichts. Obwohl ich keine Ahnung von diesen Dingern habe, erkenne ich auf den ersten Blick, dass da nichts zu machen ist. Der Zettel steckt in der Walze fest, scheint sich richtig verhakt zu haben.

Was nun? Gehetzt blicke ich mich um. Bestimmt ist die Besprechung bei der Schulleiterin gleich zu Ende. Dann kommen die ersten Lehrer zurück ins Lehrerzimmer, um vor der nächsten Unterrichtsstunde noch schnell einen Kaffee zu trinken und ihre Unterlagen zu holen. Ich muss weg, sofort! Keine Zeit zu verlieren.

Ich renne los. Völlig kopflos. Kann keinen klaren Gedanken fassen. Biege um die Ecke und pralle voll mit jemandem zusammen. Fast wird mir schwarz vor Augen. Verwirrt taumle ich zurück und erkenne erst jetzt, wen ich da umgerannt habe: Dieter! Oh Mann, der hat mir gerade noch gefehlt!

Dieter hat mich auch zu spät gesehen. Anscheinend hat er beim Laufen wieder in irgendeinem Buch gelesen. Jetzt lässt er das Buch sinken und starrt mich verwundert an. Anscheinend sieht mir sogar eine Blindschleiche wie Dieter an, dass ich vollkommen fertig bin mit den Nerven.

Jedenfalls fragt er: „Was ist denn mit dir los?“

Klar, wahrscheinlich habe ich einen knallroten Kopf und die helle Panik in den Augen. Ich kann mich nur schlecht verstellen. Das sagt Mama auch immer. Zu meinem Entsetzen spüre ich, wie mir Tränen in die Augen schießen. Ich bin total am Ende, kann einfach nicht mehr.

„Ich habe Mist gebaut“, sage ich und weiß selber nicht, warum ich das plötzlich Dieter erzähle. Der bringt es doch fertig und rennt mit meiner Geschichte sofort zu Spinne. Aber jetzt ist sowieso alles egal.

„Ich wollte den Zettel mit dem Mathetest kopieren“, sage ich, „für Malte und Jonas. Und dann ist das Blatt in dem blöden Ding stecken geblieben.“

Ich starre Dieter an. Sein Gesicht ist regungslos. Mann, schnallt der überhaupt, was ich ihm da erzähle? Am liebsten würde ich ihn schütteln. „Verstehst du? Die kriegen ruckzuck raus, dass ich das war. Spinne merkt doch sofort, dass der Aufgabenzettel für unsere Klasse weg ist. Und dann dauert es nicht mehr lange, bis irgendjemand das Ding halb zerfetzt aus dem Kopierer zieht. Und dann bin ich dran! Jeder weiß doch, dass ich diese blöden Versuchspflanzen gieße! Da müssen die doch nur eins und eins zusammenzählen …“

Schon rollen mir die ersten Tränen über die Wangen. Ich schluchze auf, würde mich am liebsten hier auf den Boden werfen und einrollen wie ein Igel.

Aber Dieter packt mich plötzlich am Arm. „Komm, wir müssen uns beeilen!“

Was hat der denn vor? Verwirrt lasse ich mich mitziehen. Wahrscheinlich würde ich gerade auch einem dreiäugigen Monster in sein unterirdisches Verlies folgen. Ich bin so froh, dass mir jemand die Verantwortung abnimmt, mir einfach sagt, was ich tun soll.

Schon stehen wir wieder vor dem Kopierer. Dieter wirft einen kurzen, fachmännischen Blick auf das Gerät. Er betätigt den Schalter, mit dem das Ding geöffnet wird, hebt den Deckel und fuhrwerkt irgendwo im Innenleben des Kopierers herum. Sekunden später zieht er Spinnes Zettel heraus, als wenn es nichts wäre. Das Papier ist nur an einer Ecke leicht zerknittert. Dieter glättet es mit der Hand und legt den Zettel rasch wieder auf den Kopierer. Diesmal klappt es sofort. Im Handumdrehen schiebt sich die Kopie heraus. Dieter drückt sie mir in die Hand und schaltet den Kopierer wieder aus.

„Hier, leg das schnell zurück. Es ist das gleiche Papier. Ich glaube, die Vorlage von Spinne war auch schon eine Kopie. Das merkt keiner!“

Ich mache einfach, was Dieter sagt. Wie ein Roboter. Wahrscheinlich würde ich auch aus dem Fenster springen, wenn er es vorgeschlagen hätte. Zwei Sekunden, nachdem ich den Aufgabenzettel auf Spinnes Stapel zurückgelegt habe und die Gießkanne wieder in der Hand habe, öffnet sich die Tür und Spinne erscheint auf der Bildfläche. „Aha, der Pflanzenfreund!", grinst er und geht zu seinem Platz.

Ich nicke und versuche ein Lächeln. Ich erwarte fast, dass er mir ansieht, was ich gerade getan habe. Die Anspannung, die Panik … das alles muss doch in meinem Gesicht geschrieben stehen, oder nicht?

Ich zwinge mich, ruhig hinüber zur Fensterbank zu gehen und die Pflanzen zu gießen. Eine nach der anderen. Ohne Hektik. Bloß nicht auffallen. Bloß kein Wasser verschütten und eine Überschwemmung produzieren.

Spinne sitzt derweil ruhig an seinem Platz und scheint mich gar nicht mehr zu beachten. Doch plötzlich knarrt sein Stuhl. Ich erstarre. Spinne ist aufgestanden. Ich höre seine Schritte hinter meinem Rücken. Er kommt näher. Immer näher. Ich drehe mich nicht um. Ich halte den Atem an, schließe die Augen. Ich warte darauf, dass Spinnes Hand von hinten schwer auf meine Schulter niedersinkt und er mir seinen Verdacht auf den Kopf zusagt. Bestimmt hat er gemerkt, dass nicht das Originalblatt auf seinem Stapel liegt. Oder ich habe den Zettel in der Hektik auf den falschen Stapel gelegt. Schließlich waren es zwei Stapel. Oder Spinne hat Abdrücke meiner schweißnassen Finger auf seinem Tisch entdeckt oder … Egal, wie er es gemerkt hat. Jetzt ist alles aus.

Aus. Aus. Aus. Aus. Aus.

Ich bin wie gelähmt.

Ich warte.

Aber nichts passiert.

Spinne geht seelenruhig an mir vorbei hinüber zur Kaffeemaschine und füllt seine Tasse. Dann schlendert er wieder an seinen Platz. Gleichzeitig öffnet sich die Tür und weitere Lehrer kommen rein. Da ist auch die Bender-Breitenbacher. Sie lächelt mir freundlich zu, als ich mit meiner Gießkanne in der Hand langsam zur Tür gehe. Ich schiebe mich am Kopierer vorbei, würdige das Ding keines Blickes. Die Glastür schließt sich hinter mir.

Es ist vorbei.

Es ist wirklich vorbei. Ich kann es gar nicht fassen. Erst mal tief Luft holen. Meine Beine sind wie Wackelpudding. Kann mir gar nicht vorstellen, dass sie sich jemals wieder normal anfühlen. Aber irgendwann werden meine Schritte wieder schneller. Ich laufe die Treppe hinunter und überlege, wie es jetzt eigentlich weitergehen soll. Irgendwie habe ich nie weiter als bis zu diesem Moment gedacht. Erst mal muss ich Dieter suchen. Wo er jetzt wohl mit dem Zettel hin ist?

11. „Nenn ihn nie mehr den Doofen, klar?!“

Ich renne nach draußen. Erst in der kühlen Luft auf dem Schulhof merke ich, dass mein T-Shirt völlig nass ist, total durchgeschwitzt. Als wäre ich einen Marathon gelaufen.

Bevor ich auch nur einmal tief Luft geholt habe, stürmen schon Malte und Jonas auf mich zu. „Mensch, Tom, da bist du ja endlich! Hast du es geschafft? Zeig her!“

Sie überschlagen sich fast. Verschwommen sehe ich ihre vor Aufregung verzerrten Gesichter. Es ist, als wären sie durch eine Milchglasscheibe von mir getrennt. Ohne ein Wort zu sagen, gehe ich an den beiden vorbei und suche in dem kreischenden Gewimmel auf dem Schulhof nach Dieter.

Endlich entdecke ich ihn. Er steht am Rand, an eine Hauswand gelehnt, kaut sein Pausenbrot und ist schon wieder in das Buch von vorhin vertieft. Langsam gehe ich zu ihm hinüber. Erst als ich direkt vor ihm stehe, lässt Dieter das Buch sinken. Ich weiß plötzlich nicht mehr, was ich sagen soll.

Dieter sieht mich einen Moment lang erstaunt an. So, als könnte er sich beim besten Willen nicht erklären, was ich von ihm wolle. Dann fällt es ihm anscheinend ein. Rasch greift er in seine Hosentasche und zieht den Zettel mit den Matheaufgaben heraus. Am ausgestreckten Arm hält er ihn mir entgegen: „Hier, wegen dem bist du doch gekommen, oder?"

Bin ich das? Ist das so? Ich weiß plötzlich gar nichts mehr. Endlich greife ich nach dem Zettel. Ich sehe Dieter an. Zum ersten Mal sehe ich ihn richtig an: Das schmale, blasse Gesicht mit den hellbraunen Augen, die leicht krausen dunkelroten Haare. Der ockerfarbene Pullover, der viel zu warm ist für diese Jahreszeit. Sogar einen Schal hat er um. Himmel, wer zwingt ihn nur immer, diese schrecklichen Klamotten anzuziehen?

„Bist du fertig?", fragt Dieter mitten in meine Gedanken hinein.

„Was? … Womit?", stammle ich.

„Mit deiner Musterung, meine ich. Also, ich sehe aus wie immer. Oder ist es heute noch schlimmer?"

„Es ist überhaupt nicht … schlimm. Wie du aussiehst, meine ich."

„Freut mich", sagt Dieter und ein ganz leichtes Grinsen huscht über sein Gesicht. Oder habe ich mir das nur eingebildet, so durchgeknallt wie ich heute bin?

Ich will Dieter noch was sagen. Ich muss das loswerden. Unbedingt. Aber ich weiß nicht, wie ich anfangen soll. Mein Kopf ist völlig leer.

Schließlich stammle ich: „Danke. Ich … äh … ich weiß nicht, was ich sagen soll. Ich hätte nie gedacht, dass du so was bringen würdest. Ich meine … äh …, dass du so mutig bist."

Ich stocke, warte, dass Dieter antwortet, es mir leichter macht. Mann, er weiß doch, was ich sagen will. Aber er bleibt stumm. Also rede ich weiter: „Mensch, die hätten uns beide erwischen können. Aber du … wie du den verdammten Zettel da rausgekriegt hast … Das war super, echt!“

Dieter ist rot angelaufen. Er schaut an mir vorbei. „Ist schon gut. Ich hab mal eine Bedienungsanleitung gelesen von so einem Ding. Auch wenn das keiner kapiert: Ich lese so was ja gern. Und dann war das eigentlich ganz einfach.“

Endlich sieht Dieter mir direkt ins Gesicht. „Mach da jetzt bloß keine große Sache draus, Tom.“

Aber ich bin noch nicht fertig: „Ich meine nicht nur, dass du das toll hingekriegt hast, mit dem Kopierer. Ich fand es super, dass du mir überhaupt geholfen hast.“ Ich stocke. „Ich meine, es wäre so leicht gewesen, mich da einfach sitzen zu lassen in dem Schlamassel.“

Dieter zuckt die Achseln. „Ich hab gar nicht nachgedacht, lief alles automatisch.“

Plötzlich zeigt Dieter auf Malte und Jonas, die neugierig zu uns herüberschauen. „Ich glaube, deine Freunde warten auf dich.“

Ich zucke mit den Schultern. Malte und Jonas sind mir im Moment total egal. Ich würdige sie keines Blickes. „Die können warten.“

Ich atme tief durch. Ich habe einen Entschluss gefasst. Ich sage: „Du, Dieter, ich wollte dich zu meinem Geburtstag einladen, nächsten Donnerstag. Ich würde mich echt freuen, wenn du kommst. Es wird bestimmt ganz toll. Meine Mutter macht immer so eine super Schokoladentorte und Mandelkekse. Die macht keiner so gut wie sie. Weißt du, meine Mutter kann zwar nicht gut kochen, aber backen, das kann sie. Und mein Vater, der schmeißt dann abends bestimmt wieder den Grill an und …" Ich merke, dass ich vor lauter Verlegenheit nur noch Stuss rede, und breche abrupt ab.

Dieter schaut mich unsicher an. „Wegen der Sache eben musst du dich nicht gleich verpflichtet fühlen, mich zum Geburtstag einzuladen."

Ich schüttle den Kopf. „Das ist es nicht! Also, jedenfalls nicht nur. Ich … ich hab eben nur einfach geschnallt, wie blöd ich die ganze Zeit war. Ich meine, wie blöd ich mich dir gegenüber benommen habe. Und die anderen auch. – Ach, ist ja jetzt auch egal! Kommst du am Donnerstag? Bitte!"

Mir ist es plötzlich ziemlich wichtig, dass ich Dieter dazu bewegen kann, zu meinem Geburtstag zu kommen. Aber er ist misstrauisch. Ich sehe es ihm an. Und ich kann mir gut vorstellen, was in seinem Kopf vorgeht. Eine viel zu lange Zeit haben wir ihn immer wieder auflaufen lassen. Er traut dem Braten nicht.

„Ist es, weil meine Mutter neulich in der Stadt mit deiner über mich gesprochen hat?“, fragt Dieter schließlich.

Himmel, er weiß davon! Bestimmt ist ihm das unheimlich peinlich. Mir ist es auch immer ultrapeinlich, wenn ich merke, dass Mama oder Papa mit irgendwem über mich gesprochen haben. Plötzlich quatschen mich dann irgendwelche Nachbarn darauf an, dass ich erst mit drei Jahren das erste Wort gesprochen und mit Vorliebe meine Pappbilderbücher angeknabbert habe. Angeblich habe ich in einem unbeobachteten Moment mal eine ganze Buchseite vertilgt, mit einem knallroten Schaufelbagger drauf.

Noch schlimmer ist es aber, wenn Eltern über einen reden, als wäre man gar nicht da. Obwohl man quasi direkt neben ihnen auf dem Sofa hockt. Das ist superungerecht: Erst beschweren sie sich ständig, dass man ihnen nicht zuhört („Bist du taub, oder was? Du sollst dein Zimmer aufräumen!“), und kaum haben sie Besuch, gehen sie davon aus, dass Kinder ihre Ohren auf Durchzug stellen.

Jonas hat mir mal erzählt, dass seine Mutter irgendwann vor versammelter Kaffeekränzchenrunde ausführlich geschildert hat, wie lange er – also Jonas – ins Bett gemacht habe und wie schwer das immer rausgegangen sei, weil das alles in den Laken gesteckt habe und so weiter und so fort. Das muss ein Albtraum gewesen sein! Jonas sagt, immer wenn er die Freundinnen seiner Mutter wiedersieht, denkt er daran, dass die jetzt bestimmt darüber nachdenken, ob er – also Jonas – noch immer ins Bett macht und ob das immer noch so schlecht rausgeht. Jonas sagt, die Geschichte verzeiht er seiner Mutter nie. Er ist sogar noch knallrot geworden, als er sie mir erzählt hat. Ich glaube, da weiß sonst keiner von.

Aber ich will jetzt nicht über Jonas nachdenken. Ich will, dass Dieter zu meinem Geburtstag kommt. Aber der zögert immer noch.

„Hat deine Mutter etwa gesagt, dass du mich einladen sollst?“, fragt er plötzlich.

O Schreck, woher weiß er das?

Ich schüttle den Kopf. „Nö, ich bestimme schon selber, wer zu meinem Geburtstag kommen soll. Das hat mit meiner und deiner Mutter nix zu tun.“ Jetzt habe ich ein bisschen geschwindelt, aber das ist in diesem Fall nicht so schlimm, glaube ich.

Aber Dieter hat mir sowieso nicht richtig zugehört. Er sagt: „Weißt du, seit meine Mutter mit mir allein ist, macht sie sich dauernd Sorgen um mich: Dass ich genug esse, vor allem genug Vitamine und so ’n Zeug, dass ich warm genug angezogen bin … um alles eben. Ich war nämlich früher ziemlich oft krank.“

Deswegen hat er also immer diese dicken Klamotten an.

Ich will etwas sagen, aber Dieter spricht schon weiter: „Weißt du, wenn irgendwas mit mir nicht stimmt, denkt meine Mutter immer gleich, das liegt daran, dass ich keinen Vater habe. Das nervt einfach."

„Wieso? Wo ist denn dein Vater?", frage ich.

„Weg." Dieter macht eine unbestimmte Handbewegung. „Er ist vor drei Jahren abgehauen. Wir haben kaum noch Kontakt zu ihm."

„Ach so", sage ich und dann weiß ich nicht weiter. Irgendwie hatte ich mir immer vorgestellt, dass Dieter so Supereltern hat. So Lehrertypen, die den ganzen Tag um ihr einziges Kind herumtanzen, ihm stundenlang die Welt erklären, jedes Wochenende mit ihm ins Museum rennen und jeden Abend mit ihm vor dem Computer hocken, um ihr schlaues Kerlchen noch schlauer zu machen.

Großer Irrtum. Alles Blödsinn.

„Kannst du deiner Mutter nicht sagen, dass du ganz gut klarkommst? Also, dass dich das nervt, wenn sie dich so betütert und so?", frage ich.

„Klar!" Dieter nickt. „Das hab ich ihr schon tausendmal erklärt." Er grinst. „Aber du weißt ja, wie Mütter so sind …"

Jetzt grinsen wir beide. In stillem Einvernehmen.

„Also, was ist nun mit meinem Geburtstag?", frage ich. „Kommst du?"

Dieter zuckt die Achseln, dann nickt er. „Wenn du wirklich willst, okay. Aber ich glaube, dann sitzen wir beide allein da. Malte wird schon dafür sorgen, dass sonst keiner kommt, wenn ich dabei bin."

Wie ruhig er das sagt. So ohne eine besondere Gefühlsregung! – Wie normal es anscheinend für ihn ist, dass keiner ihn dabeihaben will. Für einen Moment wird mir ganz kalt. Ich kann mir gar nicht vorstellen, wie es ist, wenn einen keiner richtig mag. Ich meine, ich bin doch ziemlich häufig irgendwo eingeladen und auf dem Schulhof stehe ich auch nicht allein rum. Das muss merkwürdig sein …

Ich straffe die Schultern und sehe Dieter fest in die Augen. Als ob ich, Tom Tienemann, mir von Malte Olaf Rellensmann den Geburtstag vermasseln ließe. Kommt gar nicht in die Tüte! „Malte lass mal meine Sorge sein", sage ich – zugegebenermaßen etwas großspurig – und zwinkere Dieter zu. Obwohl ich noch keine blasse Ahnung habe, wie ich das mit meinem Geburtstag auf die Reihe kriegen soll. Aber irgendwie fühle ich mich so stark wie lange nicht mehr. Wie Django der Rächer gehe ich rüber zu Malte und Jonas. Lässig halte ich ihnen den Zettel mit Spinnes Aufgaben entgegen.

„Danke, Mann!" Jonas greift rasch nach dem Papier. „Das wird mich retten."

Malte zeigt rüber zu Dieter. „Was gab's denn mit dem Doofen zu quatschen?"

Ich sehe Malte scharf an. „Nenn ihn nie mehr den Doofen, klar?!"

Verblüfft starrt Malte mich an. Ich mache eine bedeutungsvolle Pause und dann lasse ich die Bombe platzen: „Ich habe Dieter übrigens gerade zu meinem

Geburtstag eingeladen. Ich hoffe, dass er kommt. Aber es sieht gut aus. Ich glaube, er hat noch nichts anderes vor."

Malte schnappt nach Luft, aber ich rede einfach weiter: „Bevor du jetzt was sagst, Malte, das dir später vielleicht leidtut: Mir ist es so was von scheißegal, ob du zu meinem Geburtstag kommst oder nicht, verstehst du?" Ich grinse. „Du würdest allerdings eine Superparty verpassen ..."

Damit lasse ich die beiden stehen. Aus den Augenwinkeln sehe ich noch, wie Malte die Kinnlade runterfällt. Dann gehe ich langsam und mit sehr geradem Rücken davon.

Jonas kommt mir nicht hinterher. Und zum ersten Mal, seit wir uns kennen, bin ich froh darüber.

12. In der Tinte

Mama macht kugelrunde Augen, als ich ihr an diesem Abend wie nebenbei erzähle, dass ich Dieter nun doch eingeladen habe. Erst will ich den Lässigen raushängen lassen. Aber dieses Mal fragt Mama öfter nach, will plötzlich ganz genau wissen, wie, wann und warum ich mich nun doch noch entschlossen habe, mit Dieter zu sprechen. Und irgendwann, ohne dass ich's will, bricht alles aus mir heraus. Ich erzähle Mama die ganze Geschichte mit dem Aufgabenzettel – von Anfang bis Ende.

Mama unterbricht mich kein einziges Mal. Aber ich sehe ihr an, wie erschrocken sie ist.

„Deshalb hattest du gestern Nacht also diesen Albtraum", sagt sie schließlich leise. „Warum hast du mir denn nichts gesagt, Tom?"

Ich zucke die Achseln und schaue zu Boden.

„Weil du meinst, ich hätte sowieso nur versucht, dir die Sache auszureden, nicht wahr?", fragt Mama.

Ich nicke.

Mama seufzt. „Das hätte ich auch, klar! Weil es immer einen anderen Weg gibt, verstehst du? Auch in diesem Fall. Schau mal, Jonas' Eltern hätten zum Beispiel noch mal mit Herrn Spintig reden können. Es gibt Beratungslehrer, die in solchen Fällen helfen, die zwischen Eltern, Lehrern und Kindern vermitteln.

Und eure Frau Bender-Breitenbacher ist doch auch kein Unmensch! Die macht sich viele Gedanken, bevor sie letzten Endes wirklich empfiehlt, dass jemand eine Klasse wiederholt. Und Jonas ist doch in den anderen Fächern gar nicht so schlecht, oder?“

Mama steht auf und beginnt in der Küche auf und ab zu wandern. „Mensch, Tom, was du da gemacht hast, ist echt keine Kleinigkeit. Das ist Betrug! Wenn das rauskommt, kannst du von der Schule verwiesen werden. Ist dir das eigentlich klar? Und ausgestanden ist die Sache auch noch nicht: Wenn Jonas und Malte die Aufgaben bei dem Test morgen allzu perfekt lösen, wird Herr Spintig dann nicht misstrauisch? Oder wenn sie die richtige Lösung hinschreiben, aber den Lösungsweg nicht hinkriegen, weil sie sich den nicht gemerkt haben. Dann erkennt Spintig doch schnell, dass da was nicht mit rechten Dingen zugeht, oder? Der Mann ist doch nicht blind!“

Mama schüttelt besorgt den Kopf. „Ach, Tom, du sitzt richtig in der Tinte! Begreifst du das eigentlich?“

Klar, begreife ich das! Ich bin ja nicht blöd, auch wenn ich mich so verhalten habe … Mir wird zunehmend mulmig. Seltsamer Ausdruck, den Mama da benutzt hat – in der Tinte sitzen. Sofort sehe ich mich in einem riesigen Tintenfass hocken, die dunkle, blaue Flüssigkeit bis zum Hals … Genau so fühle ich mich. Verdammt! Mama hat recht. Ich habe mich viel zu

früh gefreut. Habe mal wieder nur von zwölf bis Mittag gedacht. Die Sache ist bei Weitem noch nicht ausgestanden! Wenn Jonas und Malte bei dem Test morgen Mist bauen, kann die Sache immer noch auffliegen!

Ich fange an, nervös auf meinen Nägeln herumzukauen. Mama nimmt mir automatisch die Finger aus dem Mund, wie sie das immer macht, und sagt: „Könntest du Jonas nicht anrufen und ihn bitten, den Aufgabenzettel nicht zu benutzen, ihn einfach zu zerreißen?"

Ich schüttle den Kopf. „Das würde gar nichts mehr bringen. Malte und Jonas haben die Aufgaben doch längst vorbereitet. Heute Nachmittag bei Malte zu

Hause. Es spielt überhaupt keine Rolle mehr, ob sie jetzt noch Spinnes Zettel zerreißen oder nicht."

Mama überlegt eine Weile, dann sagt sie langsam: „Es gibt natürlich noch eine Möglichkeit: Du könntest Herrn Spintig anrufen und ihm gestehen, was du getan hast. Vielleicht lässt er ja mit sich reden, wenn er sieht, dass es dir leidtut. Wenn du ihm klarmachst, dass du völlig unüberlegt und kopflos gehandelt hast." Mama sieht mich an. „Hmm, was meinst du?"

„Nein!" Entsetzt schüttle ich den Kopf. „Bitte verlang das nicht von mir, Mama! Das wäre … das Allerschlimmste! Echt!"

„Also gut", Mama seufzt. „Aber dann kannst du wirklich nur noch abwarten, Tom. Etwas anderes bleibt da nicht." Sie blickt mich fragend an. „Kennst du selbst die Aufgaben eigentlich auch schon?"

„Nein." Keinen einzigen Blick habe ich darauf geworfen. Als würde meine Schuld dadurch geringer werden, dass ich selbst nicht von meinem Betrug profitiere.

„Wirst du Papa die Geschichte erzählen?", frage ich.

Mama zuckt die Achseln. „Weiß ich noch nicht. Vielleicht erzählst du es ihm ja selber, hm? Aber das sollte im Moment wirklich nicht deine größte Sorge sein, Tom." Sie seufzt.

Und ich fühle mich immer miserabler. „Ich habe das doch alles nur für Jonas getan", sage ich leise.

Mama schaut mich ernst an. „Das habe ich schon verstanden, Tom. Aber du hast ihm damit keinen wirklichen Gefallen erwiesen. Jonas muss lernen, für sich selber einzustehen. Meinst du nicht? Ich finde es nicht sehr fair von ihm, dich zu so einer Geschichte anzustiften. Wie konnte er dich, seinen besten Freund, unter Druck setzen, etwas … derartig Bescheuertes und Unrechtes zu tun?!"

Ich sage noch immer nichts. Mama hat recht. Sie weiß es. Ich weiß es. Und sie weiß, dass ich es weiß. Deswegen müssen wir auch nicht länger auf diesem Punkt herumreiten.

Einen Moment sitzen wir schweigend da. Dann steht Mama auf, holt zwei Töpfe aus dem Schrank und fängt an zu kochen. Heute Mittag haben wir uns nur schnell Brote geschmiert. Deswegen gibt es jetzt noch Nudeln mit Tomatensoße. Diesmal nimmt Mama sogar extra Nudeln, die man nicht aufdrehen muss. Aber sie bleiben mir trotzdem fast im Halse stecken …

Am nächsten Morgen gehe ich den Weg zur Schule allein. Wieder fühle ich mich wie zerschlagen. Auch diese Nacht habe ich mich stundenlang in meinem Bett hin und her gewälzt und konnte nicht schlafen. Wenigstens hat Mama mir keine Vorwürfe mehr gemacht. Ich glaube, sie weiß selber, dass ich mich ununterbrochen in den Hintern beißen könnte. Weil ich so blöd war, mich zu dieser Aktion überreden zu lassen. Meine Angst ist Strafe genug.

Heute Morgen hole ich Jonas zum ersten Mal nicht zur Schule ab. Ich hatte mir das gar nicht vorgenommen. Es ist wie von selbst passiert. Ohne auch nur zur Seite zu blicken, bin ich an seinem Haus vorbeigelaufen. Mit dem Ergebnis, dass ich nun viel zu früh in der Schule bin.

Langsam steige ich die Treppen hinauf. Was mich wohl heute erwartet? Ich seufze. Da muss ich jetzt durch!

13. Jede Menge Überraschungen

Als ich in unseren Klassenraum komme, ist noch kein Mensch da. Doch, Dieter! Er sitzt auf seinem Platz in der ersten Reihe und winkt mir aufgeregt zu.

„Weißt du, was passiert ist?“

„Nee“, ich schüttle den Kopf.

Dieter grinst. „Eine echte Überraschung, das kann ich dir sagen!“

Gut gelaunt wippt er auf seinem Stuhl hin und her. Allerdings kippt er dabei fast nach hinten um. Der Geschickteste ist Dieter echt nicht.

„Rate doch mal!“, sagt er, nachdem er sich gefangen hat.

„Nein, erzähl schon!“, bitte ich und an meinem Ton hört er wohl, dass ich heute Morgen keinerlei Bock auf Ratespielchen habe.

Dieter springt auf und kommt zu mir rüber. „Also gut, ich mache es kurz: Die Bender-Breitenbacher war gerade hier und hat verkündet, dass Spinne krank ist. Mindestens eine Woche lang. Der Mathetest fällt damit flach, denn danach sind ja schon fast Ferien. Dein Freund Jonas kann sich freuen. – Na, was sagst du?“

Langsam sinke ich auf meinen Stuhl.

Es dauert einen Moment, bis die Nachricht durchsickert, bis ich wirklich kapiere, was Dieter mir da gerade erzählt hat. Und dann, wie in Zeitlupe, kommt die Erleichterung: Es wird keinen Test geben ... und damit auch keinen Schmu und keinen Betrug durch meine Tat. Jetzt bin ich wirklich raus aus der Sache!

Dieter sieht mich an, leise Enttäuschung im Blick. Wahrscheinlich hat er hier gesessen und sich auf meine Reaktion gefreut. Sicher hat er lautes Triumphgeheul erwartet oder Luftsprünge oder so was in der Art. Aber ich bin noch immer wie benommen. Die Angst, die Anspannung ... das alles saß einfach zu tief.

„Mir fällt echt ein Stein vom Herzen“, sage ich schließlich zu Dieter, aber es klingt ein bisschen hölzern. „Hörst du's poltern? Das ist wirklich eine gute Nachricht. Das Beste, was passieren konnte.“

Wir schweigen einen Moment.

Dann zucke ich die Achseln. „Für Jonas ist das sowieso nur eine Rettung auf Zeit. Nach den Ferien geht das Ganze für ihn doch wieder von vorn los. Weißt du, Jonas schnallt diesen ganzen Mathekram einfach nicht. Für den sind Zahlen die reinsten Hiero…, Hyro… – äh …"

„*Hieroglyphen* meinst du?"

Dieter sitzt jetzt neben mir. Wieder fängt er an hin- und herzukippeln. Anscheinend denkt er über irgendwas angestrengt nach.

Plötzlich sieht er mich entschlossen an. „Ich könnte ihm helfen in Mathe, weißt du? Ich kann ganz gut erklären …"

Jetzt bin ich wirklich platt. Dazu wäre Dieter bereit? Nach allem, was hier in der Klasse gelaufen ist – mit Mathe-Ratte und so? Da hat Jonas schließlich oft genug mitgemischt, auch wenn er nie einer der Anführer war, so wie Malte. Aber ich war schließlich genauso oft dabei, wenn es gegen Dieter ging. Und mir hat er auch geholfen. Ohne Wenn und Aber.

Gestern erst.

Mann, wenn ich daran denke, könnte ich vor Scham im Boden versinken! Ich kann mir gar nicht mehr erklären, wieso ich bei diesen fiesen Kisten gegen Dieter mitgemacht habe und das auch noch lustig fand … Mensch, war ich hohl! Ich verstehe mich selbst nicht.

Jedenfalls finde ich Dieters Angebot, Jonas zu helfen, richtig super.

Aber Dieter scheint seinen spontan geäußerten Vorschlag schon wieder zu bereuen. Abrupt steht er auf und geht zurück an seinen Platz. „War nur so eine Idee, vergiss es!"

„Nein, warum denn?" Ich bin aufgesprungen und gehe hinter ihm her. „Ich finde das toll von dir, so ein Angebot zu machen. Echt!"

Dieter schaut mich unsicher an. Aber bevor er es sich anders überlegen kann, mache ich schnell Nägel mit Köpfen: „Hör mal, wenn du einverstanden bist, spreche ich gleich heute mit Jonas über dein Angebot."

Ist es nicht komisch, dass ich mir schon wieder Gedanken über Jonas mache? Nach allem, was war, und wie es im Moment zwischen uns beiden steht? Egal!

Dieter überlegt noch einen Moment, dann nickt er zögernd. „Also gut, sprich mit Jonas, wenn du meinst."

Dann geht plötzlich die Tür auf und die anderen drängen herein. Malte kämpft sich eilig zu mir durch. „Hey, Tom, schon gehört? Spinne ist krank – alles für die Katz! Und Frau Bender-Breitenbacher kommt heute auch später, weil die oben im Lehrerzimmer erst noch den Vertretungsplan für Spinne machen."

Da ist auch Jonas. Er weicht meinem Blick aus, während er schwungvoll seinen Ranzen auf unseren Tisch knallt. „Und ich habe gestern mit Malte den ganzen

Nachmittag über den blöden Aufgaben gesessen." Er grinst. „Alles für *nothing*."

Ich antworte nicht, sondern betrachte konzentriert meine Fingernägel, als wäre deren Sauberkeit das Wichtigste auf der Welt. Ich komme mir mit einem Mal völlig bescheuert vor, weil ich mich gerade noch bei Dieter für Jonas eingesetzt habe. Denn Jonas hat wirklich nichts begriffen. Gar nichts.

Am liebsten würde ich aufstehen, meine Sachen packen und mich einfach woanders hinsetzen. Egal wohin. Nur ganz weit weg von diesem Hohlkopf, den ich für meinen besten Freund gehalten hatte.

Aber Jonas hört plötzlich auf zu grinsen. Er fasst mich am Ärmel und guckt mir in die Augen. Ganz direkt. „Kommst du mal einen Moment mit raus, Tom? Bitte."

Unwirsch mache ich mich von ihm los. „Wüsste nicht, warum."

Aber Jonas lässt nicht locker. „Bitte, Tom! Es ist wichtig."

Ich schlucke und stehe widerstrebend auf. Was kommt denn jetzt? Langsam trotte ich hinter Jonas her auf den Flur.

„Also?", sage ich mürrisch. Ich habe nicht vor, es Jonas leicht zu machen, was immer er mir auch sagen will.

Jonas ist ganz rot im Gesicht. Er tritt von einem Fuß auf den anderen.

Dann sprudelt es aus ihm heraus: „Du, das war keine gute Idee – das mit Spinnes Aufgabenzettel. Ich meine, Malte und ich, wir hätten dich da nie mit reinziehen dürfen! Es tut mir echt leid. Wirklich! Ich komme mir so feige vor …"

Als ich nicht reagiere, redet Jonas weiter: „Ich weiß nicht, was ich gemacht hätte, wenn die dich erwischt hätten. Das hätte alles zwischen uns kaputt gemacht und …" Unsicher sieht er mich an. „Oder ist jetzt sowieso alles kaputt?"

„Quatsch! – Das heißt, ich weiß es nicht …“ Meine Stimme ist rau. Ich räuspere mich und spreche dann weiter: „Ich bin jedenfalls total sauer auf dich. Auf mich selbst allerdings auch, weil ich mich auf eure doofe Idee eingelassen habe. Aber ihr beide, du und Malte, ihr habt mir ja kaum eine Wahl gelassen!“

Jonas nickt zerknirscht. „Du hast recht, wir haben echt Druck gemacht. Vor allem Malte, mit seinem ständigen Gerede, dass das alles ganz easy wäre und …“

Aber so leicht lasse ich Jonas nicht davonkommen. „Jetzt schieb die Schuld nicht auf Malte“, unterbreche ich ihn grob. „Mann, wir müssen doch nicht immer machen, was der Dicke sagt, oder? Außerdem stammte die Idee, den Zettel zu kopieren, erst mal von dir!“

Jonas nickt wieder. „Okay, okay, du hast recht.“ Er zögert, dann sagt er leise: „Weißt du, ich hab natürlich genau gesehen, dass du eine Riesenangst vor der Aktion hattest. Aber ich, ich habe mich blind gestellt und einfach so getan, als wenn ich es nicht merke, weil ich ja selber auch Angst hatte. Vor dem Sitzenbleiben, verstehst du? Aber letzte Nacht habe ich ewig lang wach gelegen und gegrübelt. Weil ich dachte, dass du mir das alles nie verzeihst und dass du nicht mehr mein Freund sein willst. Ich … ich habe mich so mies gefühlt! Das war fast schlimmer als die Angst vor dem Sitzenbleiben. Ob du's glaubst oder nicht. Scheiße …“ Er stockt und zieht laut die Nase hoch.

Jetzt habe ich auch einen Frosch im Hals. „Hm, da gehört schon ein bisschen mehr dazu, uns zwei auseinanderzubringen, oder?“, krächze ich.

Jonas nickt und schnieft wieder. „Hast du mal ein Taschentuch? Ich glaube, ich hab mich erkältet.“

„Hmm.“ Ich wühle in meiner Hosentasche und gebe ihm eins.

Jonas putzt sich umständlich die Nase. Dann sehen wir uns verlegen an.

„Na komm“, sage ich schließlich, „vergessen wir die Sache. Es hat sich ja auch irgendwie von selbst erledigt, nicht wahr?“ Ich knuffe Jonas in die Seite und komme mir ziemlich großmütig dabei vor. Was bin ich doch für ein guter Kerl – und überhaupt nicht nachtragend!

Jonas grinst erleichtert. Und sofort bildet sich das vertraute Grübchen in seiner Wange. „Malte fragt übrigens schon überall rum, was wir dir schenken wollen. Der steht bestimmt als Erster bei dir auf der Matte. Am Donnerstag, bei deinem Geburtstag, meine ich. Es ist natürlich keine Rede mehr davon, dass er nicht kommt, bloß weil Dieter auch eingeladen ist.“

„Das wundert mich nicht“, grinse ich. „Wenn Malte was Gutes zu essen wittert, ist er doch immer der Erste.“

Über Jonas’ Schulter sehe ich Frau Bender-Breitenbacher den Flur entlangkommen. „Ich muss noch was Wichtiges mit dir besprechen. Aber jetzt ist keine Zeit mehr. Machen wir später, okay?“

In der Pause komme ich nicht dazu, Jonas von Dieters Nachhilfeangebot zu erzählen. Weil Malte die ganze Zeit um mich herumtanzt und ultranett zu mir ist. Um nicht zu sagen: Er schleimt, dass es mir fast die Schuhe auszieht! Anscheinend hat sogar er gemerkt, dass die Aktion mit Spinnes Zettel eine Nummer zu groß war. Aber das offen zugeben und sich entschuldigen, so wie Jonas es getan hat, das würde Malte nie bringen. Wer weiß, vielleicht bilde ich mir Maltes Reuegefühle auch nur ein und sein heutiges Verhalten ist purer Zufall. Ist mir auch ziemlich egal. Das Wichtigste ist, dass das mit Jonas und mir wieder in Ordnung ist.

Auf dem Weg nach Hause kann ich Jonas dann endlich von Dieters Vorschlag erzählen.

„Was? Mathe-Ratte will mich tatsächlich vor dem sicheren Untergang bewahren?“ Jonas schüttelt ungläubig den Kopf. „Mann, wer hätte das gedacht!“

„Ich war ja auch überrascht“, sage ich, „aber eigentlich auch wieder nicht.“

Jonas sieht mich verwirrt an. „Was soll das denn nun wieder heißen?“

Stimmt, ich habe Jonas ja noch gar nicht von Dieters rettendem Einsatz am Kopierer gestern berichtet. Also erzähle ich ihm jetzt die ganze Geschichte in all ihren dramatischen Einzelheiten. Jonas ist beeindruckt. Er schüttelt sich richtig. „Mann, da wird mir ja noch hinterher schlecht. Das war wirklich knapp!“

Nachdem ich mich genug an Jonas nachträglichem Entsetzen geweidet habe, frage ich: „Was ist denn nun mit Dieters Vorschlag, Jonas? Komm, raff dich auf!“

Jonas zuckt die Achseln. „Ich weiß nicht recht, Tom. Meinst du, dass das gut geht mit Dieter und mir? Und außerdem … hm“, er zögert. „Was wohl Malte dazu sagt – und die anderen? Die lachen sich doch kaputt, wenn Dieter mir Nachhilfe gibt.“

„Die müssen das doch erst mal gar nicht mitkriegen“, beruhige ich Jonas. „Du und Dieter, ihr könnt das in den Ferien doch einfach mal ausprobieren. Wenn ihr wollt, bin ich auch dabei. Und außerdem: Ist es wirklich so wichtig, was die anderen dazu sagen?“

Jonas grinst. „Du hast recht, Tom. Okay, wir können es ja mal versuchen.“ Er pufft mich in die Seite. „Du kannst Dieter sagen, dass er dafür bei unserem nächsten musikalischen Forschungsversuch mitmachen darf.“

14. Donauwellen

Mama ist natürlich auch heilfroh, als ich ihr erzähle, dass Spinne krank ist und der Mathetest deswegen ausfällt. Während sie unser Mittagessen zusammenbraut, murmelt sie irgendwas von „mehr Glück als Verstand gehabt“ vor sich hin. Ich widerspreche ihr ausnahmsweise nicht. Weiß ja, dass sie recht hat und ich nach der Geschichte jetzt erst mal kleine Brötchen backen muss, wie Oma das nennt. Was so viel heißt wie: keine Ansprüche stellen, nicht unangenehm auffallen und nicht aufmucken. Aber das alles kann meine gute Laune nicht trüben. Zu Mamas Erstaunen vertilge ich sogar zwei große Portionen von dem Auflauf, den sie zusammengerührt hat. Ich bin nämlich hungrig wie ein Wolf. Schließlich habe ich die letzten zwei Tage fast überhaupt nichts gegessen, weil ich so fertig mit den Nerven war.

Aber eine Sache steht mir noch bevor: Ich soll Papa die Geschichte beichten. Ein volles Geständnis ablegen. Da geht kein Weg dran vorbei – wie Mama mir beim Essen unmissverständlich klargemacht hat.

Papa kommt heute ausnahmsweise schon am Nachmittag nach Hause, denn Mama hat einen Termin bei einem Kunden. Sie gibt Papa nur einen schnellen Kuss, winkt mir aufmunternd zu und ist einen Moment später verschwunden. Ich seufze. Jetzt bin ich auch noch mit Papa allein, wenn ich es ihm sage! Na ja, vielleicht sogar besser so ... Am besten, ich bringe es jetzt sofort hinter mich.

„Hast du einen Moment Zeit, Papa?“ Ohne lange herumzudrucksen erzähle ihm die Geschichte. Von Anfang bis Ende.

Papa tut zwar so, als wäre das alles völlig neu für ihn, aber ich bin mir ziemlich sicher, dass Mama ihm schon ansatzweise erzählt hat, was ich mir da geleistet habe. Auch gut. So ist er nicht ganz unvorbereitet. Ich habe nämlich schon ein bisschen Angst, dass er ausflippt. Und erst motzt Papa tatsächlich los, spricht vom „Von-der-Schule-Fliegen“ und von Betrug. Aber nach einer Weile beruhigt er sich wieder und macht mir nur noch mal deutlich, wie bescheuert ich mich in der ganzen Sache verhalten habe: „Klar war es unfair von Malte und Jonas, dich zu dieser Geschichte anzustiften, aber es lag allein bei dir, Nein zu sagen, verstehst du? Letztendlich ist jeder für sich und sein Handeln selbst verantwortlich. Gott sei Dank!“

Papa macht eine Pause, dann fragt er: „Und wie steht es jetzt zwischen dir und Jonas? Hast du mit ihm offen über die Sache gesprochen?“

Ich zucke mit den Achseln. „Ich musste eigentlich gar nichts sagen. Er hat selber gemerkt, dass er Mist gebaut hat.“

„Und du hast ihm verziehen?“

Ich überlege einen Moment. „Doch, ich glaube schon. Er ist eben … mein Freund."

Papa nickt. „Du hast sicher recht. Eine echte Freundschaft hält auch mal einen Streit oder eine Enttäuschung aus. Wichtig ist, dass ihr darüber sprechen könnt – und natürlich, dass so was nie wieder vorkommt!"

„Bestimmt nicht", sage ich und schüttle energisch den Kopf. Dann erzähle ich Papa von Dieters Angebot, Jonas in Mathe zu helfen.

Papa pfeift anerkennend durch die Zähne. „Das ist doch mal eine gute Idee. Bin gespannt, was dabei herauskommt. Am besten gefällt mir, dass ihr da selber drauf gekommen seid und das selber angepackt habt. Wirklich", er grinst und gibt mir einen Nasenstüber, „so was lässt einen als Vater doch wieder hoffen."

Ich atme auf. Bin froh, dass Papa so gut reagiert hat. Das wäre bei Jonas zu Hause sicher ganz anders gelaufen, so viel ist klar.

Papa ist aufgestanden und zwinkert mir verschwörerisch zu: „Wenn du mir versprichst, das nicht als Belohnung für deine Blödsinnstat aufzufassen, würde ich uns jetzt glatt zwei klitzekleine Donauwellen vom Bäcker holen. Hm, was meinst du?"

Ich nicke stumm. Bin einfach platt, dass Papa jetzt nicht anfängt mit irgendwelchen blöden Strafen wie Taschengeldsperre oder so. Es reicht ihm, dass ich verspreche, so einen Mist nie wieder zu machen.

Er vertraut mir. Ohne Wenn und Aber. Einfach so.
Ich schlucke. Und dann springe ich plötzlich auf und werfe mich in Papas Arme. Erst ist er überrascht, aber dann hebt er mich hoch, sodass meine Beine in der Luft baumeln. Es ist wie früher, als ich klein war. Nur dass meine Fußspitzen jetzt dabei fast den Boden

berühren. Papa hält mich ganz fest. Ich spüre seine Kraft und die Wärme seines Körpers. Seine Bartstoppeln kratzen an meiner Wange, aber das stört mich nicht. Nach einer Weile lässt Papa mich vorsichtig wieder runter, fast so, als wäre ich aus Porzellan.

Er räuspert sich und sagt: „Ich geh dann mal zum Bäcker."

Ich nicke. Und kurz darauf sitzen wir gemütlich nebeneinander auf dem Sofa, mümmeln unsere Donauwellen – das sind so supersahnige Kirsch-Schoko-Schnitten – und zappen durch die Fernsehprogramme. Auf einem Kanal läuft eine Folge einer uralten Westernserie. Papa erzählt, dass er die schon früher bei seiner Oma sehen durfte. Begeistert trötet er die Erkennungsmelodie mit und erklärt mir umständlich die ganze Story, obwohl die sowieso offensichtlich ist: Da lebt ein Mann mit seinen drei Söhnen auf einer Ranch irgendwo im Wilden Westen. In Wirklichkeit ist die Ranch eine totale Pappkulisse, das sieht jeder. Aber Papa meint, ihm sei das früher nie aufgefallen. Also diese drei Söhne – ein dicker, ein kleiner und ein gutaussehender, der immer schwarze Klamotten anhat – sind längst erwachsen. Aber die leben immer noch zu Hause und machen, was der Vater (den sie „Pa" nennen) ihnen sagt. Den ganzen Tag reiten sie auf ihrer Ranch rum, scheuchen Kühe hin und her und reparieren Zäune und so was. Sonst passiert da nicht viel.

Nach einer Weile taucht eine hübsche blonde Frau mit hochtoupierten Haaren auf, in die sich der dicke Sohn verknallt. Er will mit ihr weggehen und ein neues Leben anfangen. Weit weg von seinem Vater und seinen Brüdern. Aber in letzter Sekunde kommt was dazwischen, die Frau reist ab und der Dicke bleibt doch auf der Ranch.

Papa erklärt, dass das jede Folge einem anderen Bruder passiert. Natürlich immer mit einer neuen Frau. Aber der Ausgang sei immer der gleiche: Am Schluss sitzen die vier wieder bestens gelaunt zusammen um einen Tisch, die Frau ist vergessen und der chinesische Koch (der Hopp Sing oder so ähnlich heißt) serviert ein prima Essen, meistens Bohnen mit Speck.

Ich kann Papas Begeisterung für dieses Fernsehereignis nicht teilen. Aber das sage ich ihm lieber nicht. Ich habe das sichere Gefühl, dass er enttäuscht wäre.

Später in meinem Zimmer kichere ich vor mich hin. Was Dieter wohl zu dem Film gesagt hätte? Sicher hätte er gemeint, dass es Zeitverschwendung sei, so was zu gucken, weil man da nun wirklich nix draus lernen könne. Na ja, aus Papa ist trotzdem was geworden …

Vielleicht können Jonas und ich Dieter ja mit der Zeit beibringen, dass es eine Menge Sachen gibt, die überhaupt keinen Sinn haben, sondern einfach nur Spaß machen … Hmm, das wird sicher nicht leicht. Aber vielleicht klappt es ja doch. Vielleicht braucht Dieter nur ein bisschen Nachhilfe – im Spaß haben, albern sein, Quatsch machen, rumspinnen und so. Ich glaube, da bin ich ein echt guter Lehrer. Und Jonas, der ist in der Beziehung sowieso Experte. Bin mal gespannt …

Apropos Nachhilfe: Ich muss Dieter ja noch anrufen und ihm erzählen, dass er demnächst einen Nachhilfeschüler hat.

Ich hänge mich gleich ans Telefon.

Erst habe ich Dieters Mutter am Apparat. Sie ist nett und ich glaube, sie freut sich über meinen Anruf. Klar, so oft ruft bestimmt keiner aus der Klasse bei Dieter an. Und Dieter, der freut sich über Jonas' Zusage. Das spüre ich, auch wenn er es nicht direkt ausspricht.

„Ich bin ja mal gespannt, wie das wird", sagt er. „Okay, Tom, dann sehen wir uns morgen. Oder ist noch was? Ich muss nämlich zum Geigenunterricht."

Himmel, was macht der denn noch alles?

„Nö, nicht direkt", sage ich. „Ich wollte dich nur noch mal an meinen Geburtstag erinnern."

„Weiß ich doch", sagt Dieter. „Nächsten Donnerstag um halb vier."

Ich zögere einen Moment, aber dann platze ich doch damit heraus, bin einfach zu neugierig: „Sag mal, wie sind deine Eltern eigentlich darauf gekommen, dich Dieter zu nennen?"

Schweigen am anderen Ende. Ob er jetzt sauer ist? Verdammt, hätte ich bloß meinen Mund gehalten!

Vielleicht ist er ja in dem Punkt unheimlich empfindlich. Die Frage hätte ich mal lieber erst nach ein paar Nachhilfestunden im Locker-Nehmen-und-Spaß-Verstehen stellen sollen. Aber dann höre ich, wie Dieter am anderen Ende der Leitung leise kichert. „Gefällt dir der Name etwa nicht?“, fragt er.

Ich zögere. Wenn ich jetzt „Ja“ sage, ist er bestimmt stocksauer und wenn ich „Nein“ sage, ist das eine faustdicke Lüge. Also versuche ich mich herauszuwinden: „Na ja, Dieter ist ja nicht so ein normaler Name wie Tom, Kai, Dennis oder Christian und so, oder?“

„Stimmt schon“, sagt Dieter, „aber früher war das ein ganz häufiger Name, weißt du? Und der Busfahrer, der meiner Mutter bei meiner Geburt geholfen hat, der war eben schon älter. Nach ihm bin ich getauft worden und …“

Jetzt bin ich echt platt. „Heißt das, du bist in einem Bus geboren?“

„Ja, Ecke Wespenstieg/Mühlstraße, mitten im dicksten Stau! Da kam keiner mehr durch, hat meine Mutter erzählt. Auch kein Krankenwagen. Und da ist der Busfahrer eingesprungen und hat das alles gemacht.

Die Geburtshilfe, meine ich. Er ist übrigens auch mein Patenonkel. Du wirst ihn sicher kennenlernen – bei meinem nächsten Geburtstag. Er kommt jedes Jahr und er ist supernett."

„Das ist ja eine tolle Geschichte", sage ich und bin ein bisschen neidisch, weil ich nur in einem stinknormalen Krankenhaus geboren bin. Aber dafür habe ich den besseren Namen. Man kann nicht alles haben.

Und ich habe schon richtig viel, finde ich: Einen alten und – da bin ich mir ziemlich sicher – einen neuen Freund. Eine Mutter, die eine super Tomatensoße mit Nudeln ohne Aufwickeln kochen kann, und einen Vater, mit dem man Schokoriegel und Donauwellen wegputzen kann, und überhaupt …

Wenn das nix ist!